今日からできる

60歳からの自力防犯

監修

京師美佳

PHP

シニア女性のいる家は
どうして狙われやすい?

若者や男性に比べて
力が弱いから

シニア女性は力が弱いので、「抵抗されても優位に立てる」と思われてしまいます。そのため家族と同居していても、ひとりになる時間を狙って侵入されることがあるので気をつけましょう。

人を信用しやすく個人情報を伝えてしまうから

話好き、同情心が強い、人を信用しやすい人が多く、街頭アンケートや世論調査などで正直に答えてしまう人も多い傾向が。そのため個人情報を取られやすくなります。

貴金属や現金など、現物を家に置いているから

宝石や貴金属を持っている率が高く、頻《ひん》繁《ぱん》に銀行に行かなくてもすむよう、生活費としてまとまった金額の現金を手元に置いている人が少なくないことから、狙われやすくなります。

はじめに

近年、シニアを狙った多種多様な犯罪が増えています。「犯罪」には空き巣や強盗、詐欺、スリ、ひったくりなどいろいろな種類がありますが、法務省の「犯罪白書」によると、いちばん被害に遭《あ》いやすいのが65歳以上の女性です。なかでも街角の詐欺、玄関から来る詐欺、電話からの詐欺、ネット上での詐欺の被害が多いことがわかっています。

シニア女性が狙われるのは、日中にひとりで在宅していることが多いこと、情にあつく「困っているなら何とか助けてあげたい」と思ってしまうこと、そして力が弱いため、抵抗されても大丈夫と思われていることなどが理由です。

もちろん、犯罪報道が絶えない昨今、皆さんの中にも日頃から用心している方は大勢いらっしゃると思います。けれども犯罪の手口はどんどん巧妙化していて、どんなに気をつけていても「大丈夫」「安心」はありません。「用心深いから自分は被害に遭わない」と思わず、「やり過ぎかも？」と感じるぐらい強い防犯の意識をもって、犯罪被害に遭わないための対策をしていただきたいと思います。

私は父が警察署長、姉が刑事という家庭環境だったことや、自分自身も20代のときにさまざまな犯罪被害に遭った経験があることなどから、犯罪セキュリティや防犯について学び、現在は防犯アドバイザーという仕事をしています。

この本では、これまでの経験や学んだ知識をもとに、シニア女性がどのように自分の身や家族、家を守るとよいかについてポイントをまとめました。皆さんの安全のために、ぜひとも本書を役立てていただきたいと思います。

防犯アドバイザー　京師美佳

ここが危ない！

防犯見取り図をチェック！

泥棒や強盗は思いもかけないところから侵入してきます。防犯対策はしっかり行っておきましょう。

屋上

屋上からロープを垂らしたり、避難バシゴや雨どいを伝って下りたりしてベランダから侵入する手口もあります。マンションの高層階だから、オートロックだからと油断するのは禁物です。

ベランダ

ベランダからベランダへと上下左右に移動して、何世帯もの部屋に侵入する泥棒もいます。1階・2階の部屋は物置・室外機を足場にしたり、脚立やハシゴを使ったりして入られることも。

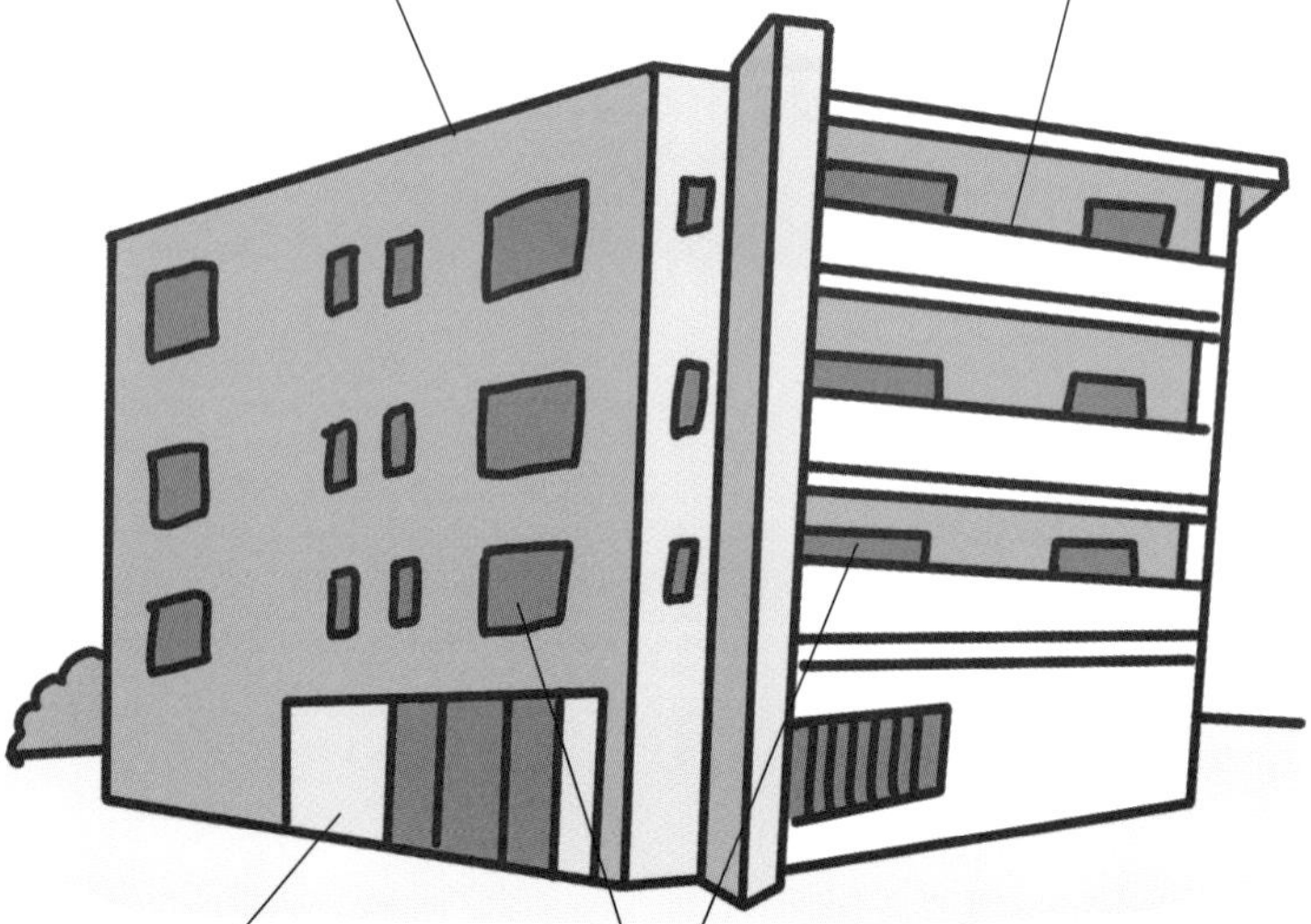

集合住宅

エントランス・玄関

点検業者や宅配業者に成りすまして強盗に入る、来客を装って無施錠のドアを探し侵入するなどがあります。オートロックでも他の住人と一緒に入る「共《とも》連《づ》れ」で侵入されます。

窓

2階以上になると、「この高さなら大丈夫」と思い込んで窓を開けたままにしたり、無施錠で外出したりしがち。その隙《すき》を狙われます。通路側の窓の面格子も簡単に外されるので要注意です。

一軒家

トイレ・風呂場・勝手口

トイレや風呂場、キッチンの小窓からも対策が甘いと侵入されます。勝手口のドアも、風通しのために開け放したり、鍵をかけ忘れたりしがちな場所。油断しないようにしましょう。

窓

鍵がひとつしかない窓は防犯レベルが下がります。補助錠をつけた二重ロックを基本に。また窓ガラスを割っての侵入も多いため、防犯フィルムを貼って強化もしておきましょう。

庭

高い塀に囲まれていたり、庭木が茂ったりしていると泥棒の目隠しになります。足音がしない土の庭も、侵入を気づかれないので泥棒にとっては好都合。庭の広さは関係ありません。

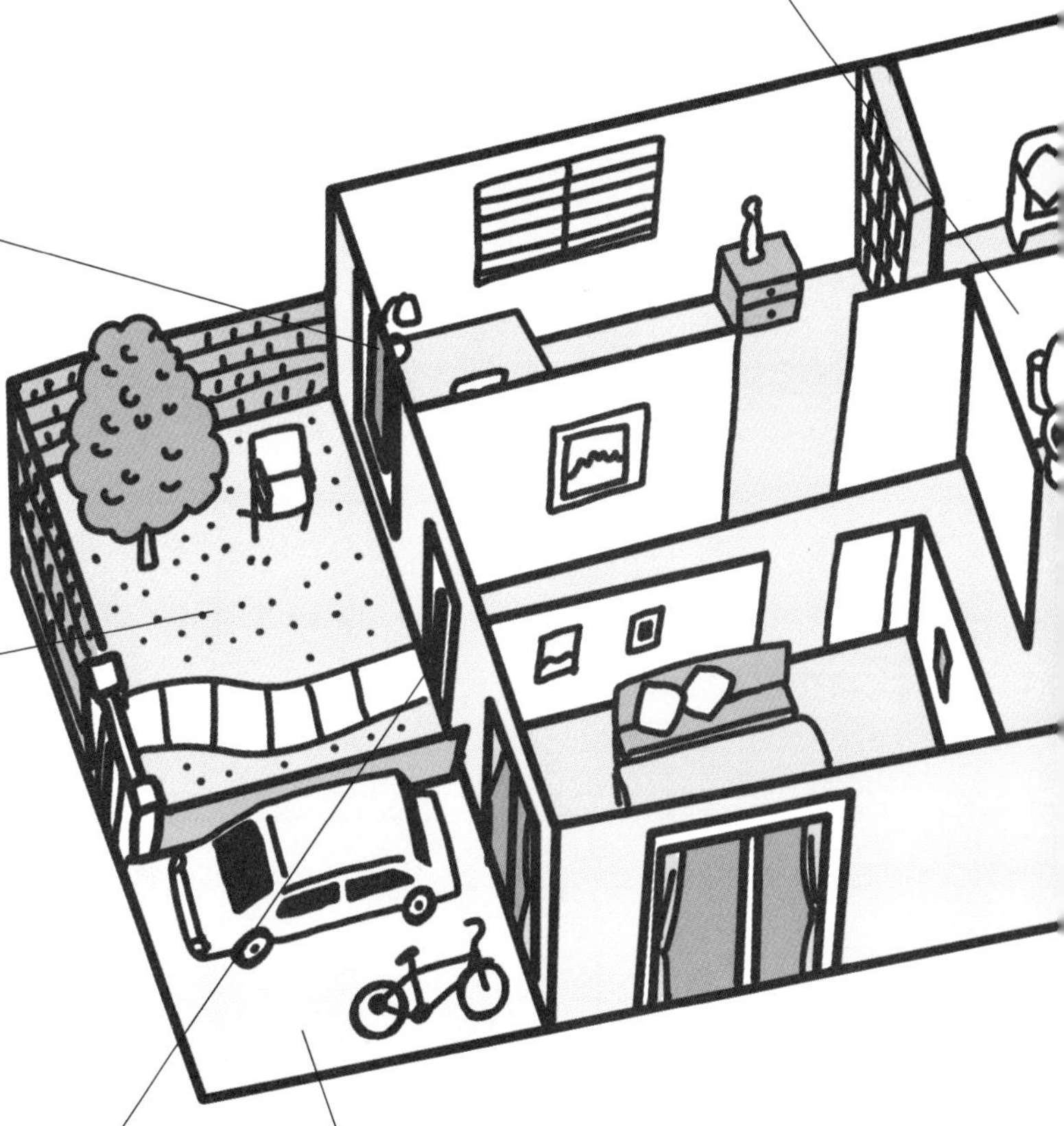

玄関

窓同様、鍵がひとつのドアは簡単に破られてしまうので二重ロックに。また業者などに成りすました強盗や訪問詐欺も玄関からやってきます。うかつに開けないようにしましょう。

駐車場

車がなくなっていると、家を留守にしていることがわかってしまいます。カモフラージュとして自転車やベビーカーなどを無造作に置いておき、留守と悟られないようにしましょう。

犯人は、あらゆるところから侵入してくる！

今日からできる60歳からの自力防犯　もくじ

2章 もしも泥棒に入られたら

3章 詐欺に騙されない

4章 街歩きにも注意

装幀：下村成子
編集協力：八木沢由香
イラスト：かたおか朋子
組版・デザイン：朝日メディアインターナショナル株式会社

1章

家を守る

犯人を知る

P.12

侵入を防ぐ

P.14、16、18、20、22、24

侵入されても盗難を防ぐ

P.26、28、30、32、34

防犯グッズを家に設置する

P.36、38

空き巣や強盗が狙うのは「入りやすい家」「逃げやすい家」です。「音・光・時間・人の目」の防犯４原則を意識して、被害に遭う前に防犯対策をしっかりしておきましょう。

こんな泥棒・あんな泥棒に注意！

留守を狙って侵入するだけでなく、昨今は業者に成りすました強盗も急増しています。

住人のいない間に侵入する空き巣

家が留守になっていることを確認して盗みに入るのが「空き巣」です。留守狙いだけでなく、人がいることを承知で、こっそりと盗みに入ってくる「居《い》空《あ》き」や「忍び込み」もあります。

堂々と入ってくる強盗

最初から「人を脅《おど》して金品を盗ろう」と考え、堂々と侵入してくる泥棒が「強盗」です。盗みの道具だけでなく、脅すための凶器を持っていることも少なくありません。

点検業者のフリをした強盗

水道点検や火災報知機の点検、シロアリ点検など、点検業者を装った強盗も増えています。業者だと信じて家の中に入れたとたん、包丁を突き付けられて脅されたり、縛られたりして金品を盗られます。

宅配業者に成りすました強盗

実在の宅配業者と同じ格好をし、荷物まで手にして現れます。あらかじめポストの郵便物をチェックし、名前と住所が入った配送伝票を用意してくるなど周到な手口で安心させるケースも。

昼間の時間帯でも要注意！

泥棒は夜間にだけやってくるとは限りません。人を脅して金品を盗もうとする強盗は、日中でも堂々とやってきます。また、日中の留守を狙った空き巣が、家人の帰宅を知って居直る「居直り強盗」などもありますし、信用させて玄関ドアを開けさせるために、宅配業者や点検業者を装う成りすまし強盗も多発しています。

「まさかこんな昼間に来るはずがない」や「よもや起こるまい」は通用しません。昼間の時間帯であっても泥棒被害に遭うことがあると心しておきましょう。

一軒家は防犯砂利を敷いたりすることで防犯対策のアピールを

一軒家だからこそ必要なこと

一軒家に住んでいる方に心がけてほしいのは、「防犯対策をきちんとやっている」アピールです。集合住宅よりも狙われやすい侵入口が多い分、防犯意識の高い家であることを主張し、泥棒に侵入を諦めさせるようにしましょう。もちろん、防犯カメラやセンサーライト、防犯砂利の設置、花や緑で人の目を集める工夫など、対策を実際に施《ほどこ》して、侵入の死角をつくらないことも大切です。

センサーライトを設置

玄関や夜間暗くなる庭、人目につかず侵入されやすい場所には、動きに反応して点灯する人感センサーライトを設置しておきましょう。お勧めは**光量が300ルーメン以上の明るさ**のものです。

Google《グーグル》ストリートビューから玄関を削除する

最近はGoogleストリートビューを使って下見をする泥棒もいます。下見にならないよう、画面の上部にある「問題の報告」から依頼して、自宅にモザイクをかけておきましょう。

※Googleストリートビューとは…Google社による世界中の道路沿いの風景をパノラマ写真で提供する地図情報サービスで、インターネットで住所を検索すれば、誰でも見ることができる。

防犯カメラやステッカーを設置

泥棒は防犯カメラを嫌がります。玄関だけでなく貴重品がしまってあるリビング・寝室にもつけておくと安心です。さらに防犯ステッカーを目につくところに貼って、対策していることをアピールしましょう。

防犯砂利を敷く

ガラスからつくられた防犯砂利は、軽く踏んだだけで大きな音がします。窓の下、門から玄関までのアプローチ、家の裏側など、泥棒が侵入できそうな場所に**80デシベルぐらいの音が出る防犯砂利**を敷いておきましょう。

庭をきれいにする

庭があるならガーデニングで整えたり、花壇をつくったりしてきれいにしておきましょう。人の目が集まりやすいだけでなく、手入れが行き届いている家は「防犯意識も高そう」という印象をもたせます。

「目をひく鉢植え」を配置

玄関先や庭先、ベランダ、駐車場の脇などに、きれいな鉢植えを飾っておくと人の目をひくことができます。ただし枯れたまま放置するのは厳禁。「いい加減な家で入りやすいかも」と泥棒に思われます。

中高層マンションは出入り口と窓に対策を

周りに人がいないのを確認してから開錠

オートロックのマンションでも、開錠する住居者と一緒に入る「共連れ」で、簡単に中に侵入できます。必ず周りに人がいないことを確認して、それから開錠する習慣をつけましょう。

宅配ロッカーサービスやコンビニ受け取りを利用する

成りすまし強盗の被害を防ぐには、対面の手渡しで荷物を受け取らないことがいちばん。荷物は、置き配ボックス・宅配ロッカーサービス・コンビニ受け取りなどを利用して受け取りましょう。

中高層マンションだからこそ必要なこと

マンションの場合、他の部屋に侵入した泥棒が、ベランダからベランダへ移動して盗みを続けるケースがあります。自分の部屋はしっかり対策しておきましょう。オートロックだから安心、上層階だから大丈夫といった油断も禁物です。オートロックでも「共連れ」で入られてしまいますし、屋上から下りてきたり、近接している電柱や雨どいを利用した

夜ベランダに洗濯物を干さない

夜間に洗濯物が出しっぱなしになっていると、「この部屋は留守にしている」と思われて侵入されることがあります。すぐに取り込めず夜間にかかる場合は室内に干すようにしましょう。

カメラ付きインターホンをつける

チャイムやドアスコープだけだと、ドアを開けて対応するしかなくなります。対面する機会をつくらないようカメラ付きインターホンをつけましょう。後付けできるものが販売されています。

上層階でも窓に防犯フィルムと二重ロックを

泥棒は屋上や隣のベランダからも侵入します。上層階でも安心しないで、**窓に350ミクロン以上の厚みのある防犯フィルムを貼る**、窓の高い位置に補助錠をつけるなどしておきましょう。

電柱や雨どい、ベランダづたいの侵入に備える

建物脇の電柱や雨どいは侵入の足場になります。電力会社に依頼して電柱のボルト足場を外してもらう、隣との間に侵入防止柵をつける、ベランダ柵に「忍び返し」をつけるなどの対策を。

り、隣のビルから飛び移るなども、実際にありました。泥棒は思いもかけない方法でやってくるのです。

　電柱のボルト足場は電力会社に依頼すれば、外してもらうことができます。また、隣との境に侵入防止柵をつける、ベランダの柵に「忍び返し」を取り付ける、窓に防犯フィルムを貼る、補助錠で二重ロックにするなど、ベランダと窓周りの対策はとくにしっかりやっておきましょう。

　また古いタイプのマンションでは、玄関からやってくる成りすまし強盗にも要注意。カメラ付きインターホンで必ず相手を確認し、やり取りはインターホン越しで行うことを徹底しましょう。

マーキングをチェックする

発見!!　こんなところにマーキング！

マーキングを発見したら、すぐさま消してしまうことが重要です。

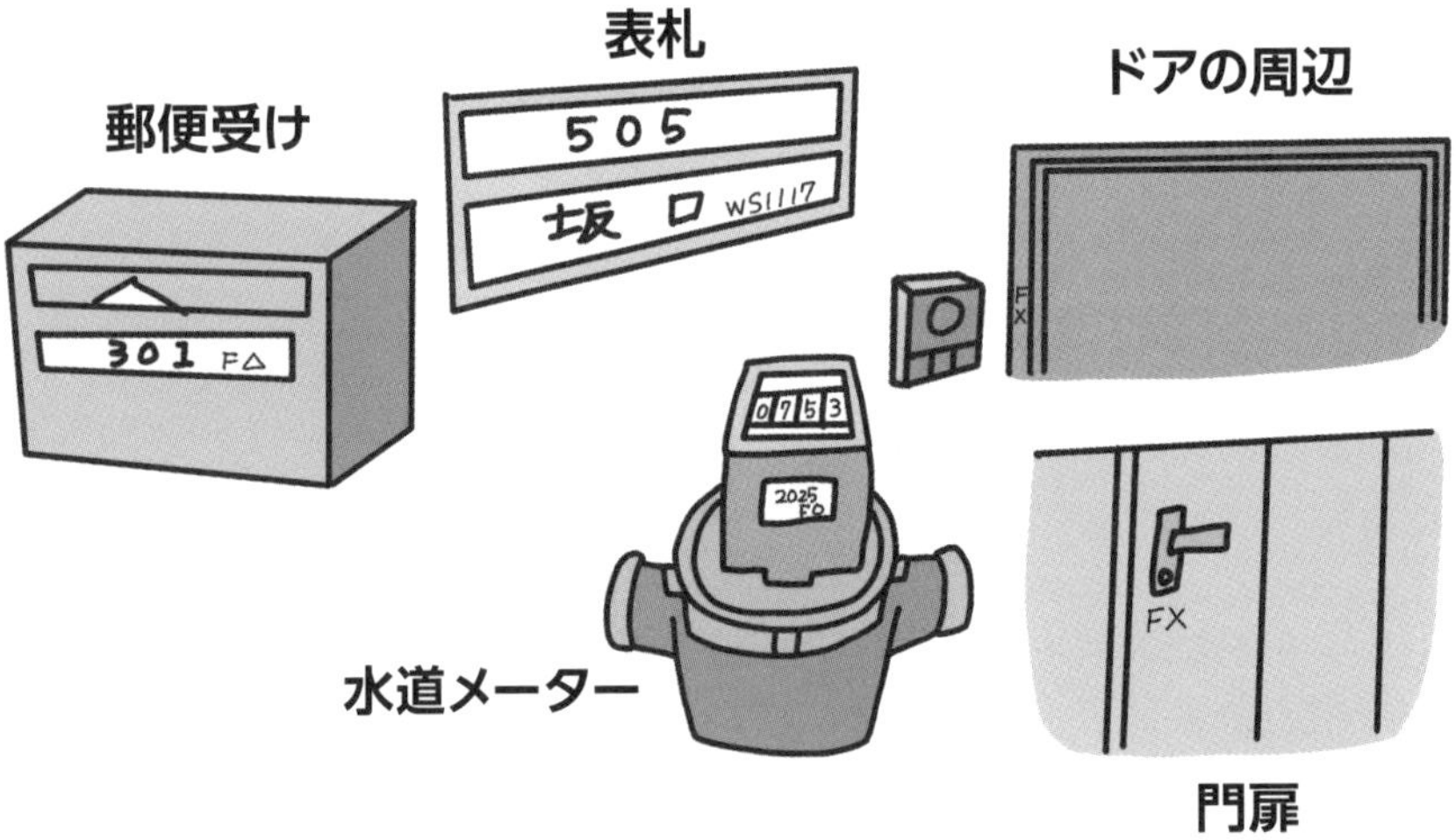

▶マーキングの一例

M…男性（Manの頭文字）
W…女性（Womanの頭文字）
F…家族（Familyの頭文字）
S…独身・一人暮らし（Singleの頭文字）
SS…土日休み（Saturday・Sundayの頭文字）
C…子ども（Childの頭文字）
学…学生

赤…赤ちゃんがいる
○…侵入しやすい
×…侵入できない
△…可能性あり
数字単体（20・30）…年齢
数字複数（7−19）…時間帯
例：「W60S8−18○」=「一人暮らしの60代女性、8時～18時まで不在で侵入しやすい」

（出典）https://life.saisoncard.co.jp/life/safety/post/c752/

見つけたら、とにかくすぐ消す！

マーキングとは、泥棒や悪徳訪問販売の対象となった家につけられている情報メモのようなものです。「家族構成」「住人の性別」「留守の時間帯」「侵入のしやすさ」といった情報が、アルファベットや数字、記号で記されていたり、貼られたシールでわかるようになったりしています。たとえば「W60S8－18〇」であれば、「一人暮らしの60代女性、8時～18時まで不在で侵入しやすい」という意

犯人はココを見ている！

玄関や敷地内の荷物で家族構成をチェック

表札の氏名、玄関脇や敷地内に置いてあるもので、一人暮らしかファミリーか、住人の性別は？などの家族構成をチェックしています。表札に家族全員の名前を書いたりすることは避けましょう。

ポストの郵便物や電気で生活時間を確認

郵便物がポストに入れっぱなしになっている時間、電気が何時につくかで生活時間を確認し、不在になる時間が何時から何時までか、隙のある時間はどこかをチェックしています。

侵入しやすい家かどうか

「侵入しやすい」には、防犯対策があまりされていない、留守時間が長そう、侵入経路が確保しやすそうに見えるなど、いろいろな理由があります。家の様子をしばらく観察して、そうした情報をマーキングし、残しています。

味になります。マーキング箇所で多いのは表札、玄関ドア、郵便受け、水道メーターなど。インターホンのところに残されていることもあります。

マーキングは、下見をした際、本番のために役立つ情報を残すことが目的です。残されているということは、すでに泥棒や悪徳訪問販売に狙われている証拠なので、発見したら、とにかくすぐに消すのがいちばん。消さずに放置は危険です。シールであればシール剥《は》がしを使って剥がす、油性ペンで書かれていたら消しゴムやメラミンスポンジなどで落とします。賃貸の方は大家さんや管理会社に報告して、消してもらうようにしましょう。

泥棒に破られにくいドア・窓対策

防犯ステッカー、防犯カメラをつける

防犯カメラを設置して、「防犯カメラ作動中」のステッカーを目につくところに貼っておきます。ダミーカメラはプロの空き巣に見破られることも。実際に作動するものを選びましょう。

玄関の鍵を二重にする

玄関ドアは二重ロックにするのが防犯対策の基本です。鍵の交換や追加が大変な場合は、両面テープで貼り付けられるタイプのスマートロックもあるので活用してみてください。

侵入に5分かかると泥棒は諦める

　警察庁が運営するWEBサイト「住まいる防犯110番」によると、侵入経路の1位と2位を占めるのは、一軒家・集合住宅ともに「窓」と「玄関」です。この二か所は重点的に防犯対策をしておくとよいでしょう。侵入防止の原則は、5〜10分程度のほんの短い留守でも、鍵は必ずかけることです。

　さらには、侵入に5分以上かかると泥

面格子をつけ、必ず施錠する

風呂場やトイレの窓、小さな窓、勝手口のドアからの侵入も少なくありません。ステンレスや鉄などの丈夫な素材で面格子をつけ、風通しのために開けっ放しにはせず施錠しましょう。

サッシに補助錠をつける

窓の鍵も、補助錠を使った二重ロックが基本です。サッシに補助錠をつけるなら下の部分の他、低くなっている外側からは届きにくくなるように、できるだけ高い位置にもつけるとなおいいでしょう。

シート状の防犯フィルムをつける

可能ならすべての窓の全面に防犯フィルムを。部分タイプを使うなら、最低でも**2m四方の大きさ**を選びましょう。**厚さは350ミクロン以上**必要です。購入時にパッケージで確認を。

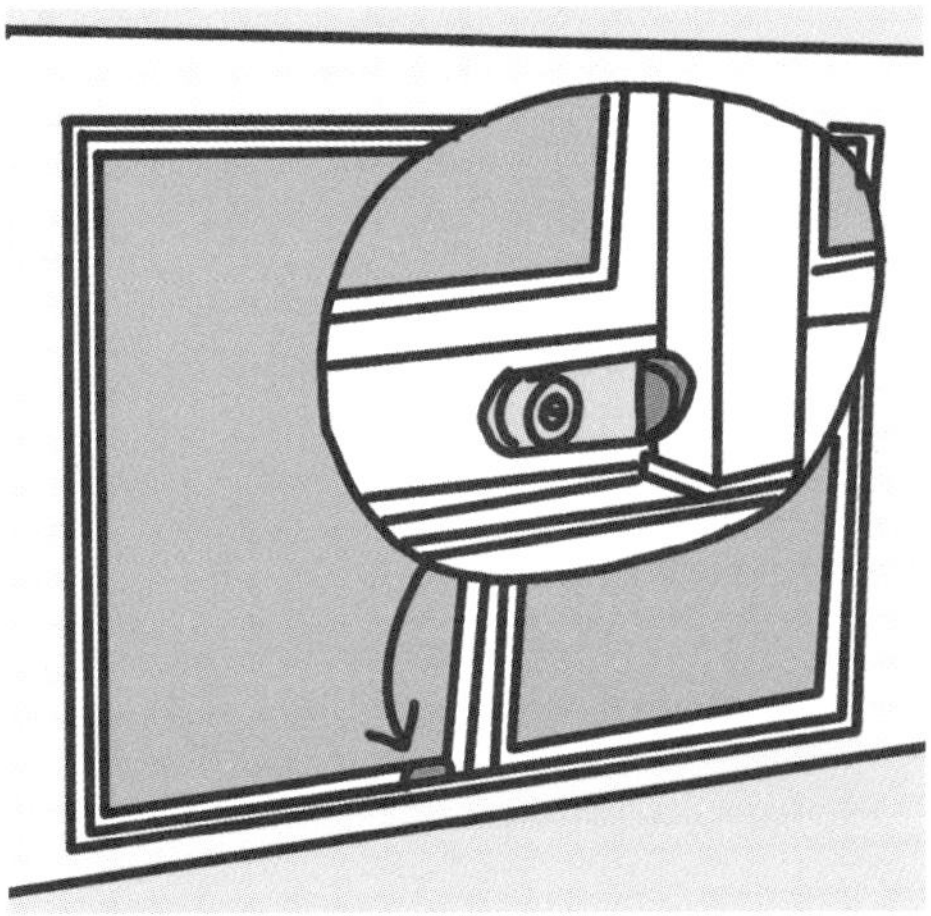

棒の約7割が侵入を諦めることも統計からわかっています。ドアや窓の鍵を二重ロックにしたり、窓に防犯フィルムを貼ったりしておくだけで侵入に時間がかかり、泥棒が諦めてしまうことも。ちなみに厚みが薄いフィルムは、災害時の割れガラスの飛散を防ぐことが役割の防災フィルムですので、**防犯が目的なら350ミクロン以上の厚み**のものを選んでください。１１０番や警備会社への通報後、到着までには10分程度かかるため、入るのに時間がかかる家を泥棒は嫌がります。目立つように防犯カメラを設置し、郵便受けや門扉に「防犯カメラ作動中」のステッカーを貼っておくと抑止に有効です。

旅行中に空き巣に入られやすい家の条件

- 植栽が生い茂っていて見通しが悪い
- 塀が敷地内を見えなくしている
- 隙間のないバルコニーは犯人が隠れやすい
- 壁や電柱を伝って２階に入りやすい
- 暗い玄関
- 足場になるものがある

防犯4原則で留守中の家を守る

旅行で家を留守にする際は、犯罪者が嫌がる4原則を頭に置いて、必要な対策をしておくようにします。4原則とは「音・光・時間・人の目」です。「音」では防犯アラームや、防犯砂利の設置など。「光」では、庭や玄関、駐車場、ベランダなど、暗くなりがちな場所に、**300ルーメン以上の明るさの人感センサーライト**を設置します。センサーライトにはソーラー発電式で手軽に設置でき

るタイプもあります。

「時間」は、前述した二重ロックや防犯フィルムの使用、電子錠の活用など。加えて、長期の留守ではシャッターや雨戸もしっかり閉めましょう。留守にしていることはわかってしまいますが、シャッターや雨戸があることで二重突破が必要となり、その分侵入に時間がかかります。「人の目」には防犯カメラの他、ご近所の目もあります。不在にすることを親しいご近所さんに伝え、ときどき様子を見てもらいましょう。

　また警備会社を利用するのもひとつの方法です。初期費用は必要ですが、月額８０００円程度で契約できますので、利用を検討してみるのもよいでしょう。

宅配業者などを装った犯罪者への対策

置き配や宅配ボックスを活用する

成りすまし犯は事前に宛名や送り主の情報を盗んでいることもあるので、対面で受け取りをしないことが大切です。在宅でも置き配や宅配ボックスなどを利用しましょう。

サインはチェーンをかけたままする

受け取り用のボックスがなかったり、荷物が生鮮品・冷凍品だったりするなら、ドアチェーンをかけたままサインを。荷物はその場に置いてもらい、配達員が去った後で中に入れましょう。

ドアを不用意に開けないことが大事

訪問者に対してはインターホン越しで応対するか、玄関先ならドアロックをしたままドア越しにやり取りする、開けて対応が必要ならドアチェーンを外さず、かけたまま対応することが身を守るうえでの基本と考えてください。

宅配便や宅配サービスの場合、配達員はほぼ決まっています。顔なじみの配達員以外は、原則としてドアを開けない、

点検業者はアポなしでは来ない

どんな点検も、必ず事前に「お知らせ」の通知があります。それがない点検は、業者に成りすました強盗もしくは悪徳業者や詐欺の可能性大。インターホン越しで対応するのが鉄則です。

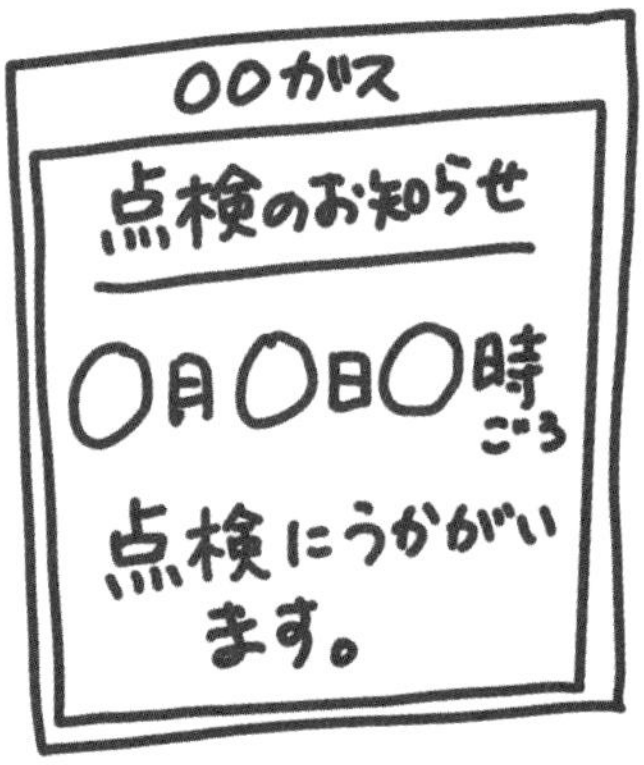
○○ガス
点検のお知らせ
○月○日○時ごろ
点検にうかがいます。

警察官や銀行員を名乗る人には本人確認を

「○○警察署のほうから来た」「銀行協会から来た」と言われても、すぐに信用するのはＮＧです。警察手帳や銀行の名刺を見せてもらい、所属先に連絡して本人確認をしましょう。

荷物の受け取りはボックスを利用する、を徹底しましょう。サインが必要ならドアチェーンをかけたまま対応して、荷物は配達員が立ち去ったことを確認してから中に入れるようにします。

　また点検業者や警察官、銀行員を名乗っても、うかつに信用しないこと。相手を信用させるため、公的機関や銀行名を利用する強盗もいるからです。成りすまし強盗は偽《にせ》の警察手帳や名刺を用意していることも少なくないため、警察手帳や名刺を見せてもらったら、所属先に電話して実在する本人かどうかを確認しましょう。その際のやり取りも、インターホン越し、ドアチェーン越しで行うほうが安心です。

盗難を防ぐ❶

こんなお金の隠し場所は犯人にはお見通し

自分では工夫したつもりでも…

あっさり見破られてしまいます！

- ✖ タンス
- ✖ 机の引き出し
- ✖ 仏壇
- ✖ 押し入れ
- ✖ 鏡台
- ✖ 米びつ
- ✖ 冷蔵庫
- ✖ トイレの水洗タンク
- ✖ 水槽の砂利の中

安全なのは銀行の貸金庫

泥棒は盗みのプロです。「ここなら見つからないだろう」と思う場所でも、必ず見つかってしまいます。たとえば水槽《すいそう》の砂利の中や冷蔵庫の肉と肉の間など、工夫したつもりの隠し場所でも、現金が盗まれるケースが発生しています。とくに上記のタンスや机の引き出し、仏壇、米びつ、トイレの水洗タンクなどは、ある意味で隠し場所の王道です。真っ先に物色される場所と考えておくほうがよい

これが正解！

■ 貸金庫
■ 防盗性が高い金庫
■ 鍵のかかるクローゼット

お金の他、貴金属や土地の権利書も貸金庫が安心！

▶銀行や信用金庫で貸金庫を借りるなら？

「取引口座があること」「公共料金引き落としや給与振り込みで使っていること」などの一定の条件はあるものの、審査に通れば誰でも利用できます。利用料は小型タイプで月額2000円程度、大型タイプで3000円程度が目安。空き状況や料金は金融機関ごとに異なるので、取引している支店に問い合わせを。

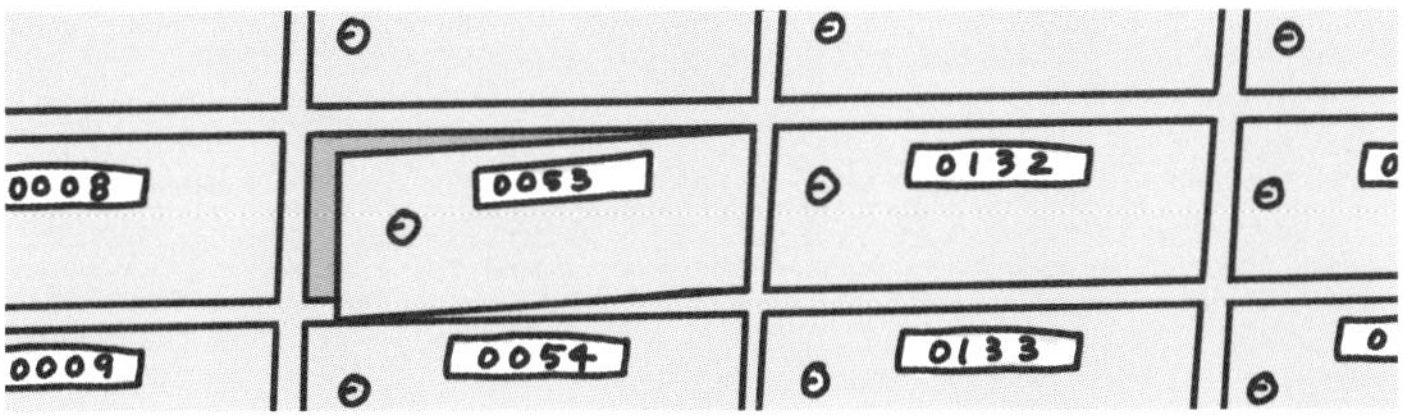

でしょう。泥棒は時間がかかることを嫌がります。万が一家の中に入られても、大事なものが盗まれないようにするには、「見つからない場所」ではなく、「取り出すのに時間がかかる場所」に隠すことがポイントです。

金庫であれば、持ち去りができないように「防盗金庫」にしまう、鍵のかかるクローゼットにしまうなどです。クローゼットの鍵には後付けできる電子錠などもあるので活用してみてください。

いちばんの安全策は、銀行の貸金庫を利用すること。通帳と印鑑の他、貴金属や土地の権利書なども貸金庫が安心です。取引銀行に問い合わせてみてください。

大切なものは数か所に分けて保管

家に置いておきたい金品は出すのに時間がかかるところへ

しょっちゅう使わない金品は、動かすのに時間がかかる重たいタンスやピアノの裏、ベッドマットやソファの中、入れ子構造の入れ物など、いくつかに分けて隠すとよいでしょう。

捨て金をわかりやすいところに入れておく

被害を最小限にするため、数千円から数万円程度の盗まれても困らない額の現金を「捨て金」として用意。タンスや仏壇の中など物色されやすい場所にあえて隠しておくのも有効です。

手元に置きたいものは分けて保管

通帳と印鑑、マイナンバーカードや保険証、日常で使いたい貴重品など、手元に置いておきたいものは、一か所にまとめてしまうのではなく、取り出すのに時間がかかる場所、開けるのが面倒くさい場所に、分散して隠しておくようにしましょう。隠し場所としてお勧めなのが、重たい家具やピアノの裏、マットやソファの中、マトリョーシカ人形のように、開けても開けても箱が出てくる入れ子構造の入れ物などです。気をつけたいのは通帳と印鑑を一緒にしておかないこと。盗まれた後にお金を引き出されないように、必ず別々に保管を。

ただし探しても盗るものがないとなると、腹いせに家の中を壊されたり、ゴミを散らかされたり、トイレを汚されたり、最悪の場合、火をつけられたりすることがあります。そうした被害を受けないよう、あえて「捨て金」を用意しておくと有効です。泥棒にお金をあげると思うと腹は立ちますが、盗まれても困らない程度の金額の現金を、タンスの中やテーブルの上など、見つかりやすい場所に置いておきましょう。

通帳と印鑑は別々の場所に

銀行の通帳と印鑑を一緒に保管していると、盗まれた後で簡単に現金を引き出されてしまいます。隠す際は別々の場所に隠しましょう。暗証番号をカードや通帳にメモしておくのもNGです。

ただし、隠し場所を忘れないように

分散して隠すと、どこに隠したかわからなくなってしまうこともあります。心配なら離れて暮らす家族に教えておく、隠し場所のメモを貸金庫に保管するなどしておきましょう。

金銭以外に盗まれると厄介なもの

高価な時計は
シリアルナンバーを控えて

高級な腕時計はシリアルナンバーを控えたうえで、時計とは別の場所に保証書を保管しておきましょう。盗難届を出した後で現物が見つかった場合、所有者であることの証明になります。

換金性の高い高価なバッグなどは
鍵のかかるクローゼットへ

高価なブランドバッグなどは、しっかり鍵のかかるクローゼットに。大手レンタルスペース会社には高価な品を預かってくれるサービスもあるので、それを活用するのもひとつの方法です。

換金目的の盗難から守る

泥棒は高級時計やブランドものの高級バッグなど、個人売買や転売でお金に換えやすい品物も持っていきます。ゲーム機器、パソコン、テレビなどの電化製品も狙われやすい品物です。昨今は有名ブランドの高価なキャンプ用品の盗難も増えていますから、こうした換金性の高い品物の盗難防止対策もしておきましょう。

自分のものと証明できるよう、高級時

電化製品には保険をかけ、パソコンはバックアップをとる

火災保険には盗難補償もつけられます。電化製品を含む家財が盗まれた場合に保険金がおりるので加入するとよいでしょう。またパソコンは定期的にバックアップをとっておきましょう。

転売時にも人気の高額なキャンプ用品は防犯ブザーをつけておく

有名ブランドのキャンプ用品も転売目的で盗まれます。特定圏内なら追跡できる「忘れ物防止タグ」をつけておいたり、持ち去られたときアラームが鳴るように防犯ブザーをつけたりするとよいでしょう。

計はシリアルナンバーを控え、現物と保証書を別々に保管しておきます。高級バッグは鍵のかかるクローゼットへ。事前に写真を撮っておくのもお勧めです。持ち去られたら困るものには、追跡ができる「忘れ物防止タグ」や、防犯ブザーをつけておきましょう。

　また盗難補償のついた火災保険に加入しておくと、家財が盗まれたときに保険金がおりるので、電化製品などは買い替えることができます。データごと持っていかれてしまうパソコンは、外付けハードディスクに定期的にバックアップをとっておきましょう。差し込んで使うだけのＵＳＢ型のハードディスクが便利です。

情報を盗まれるのはもっと怖い

自分と家族の情報は入念に守る

マイナンバーカードや保険証、年金手帳、免許証、パスポートなどは、個人情報の売買目的で狙われます。一か所にまとめて保管せず、日常使いで必要なもの以外は貸金庫に預けるなどしましょう。

また、スマートフォン（以下スマホ）と郵便物は個人情報の宝庫です。スマホには必ず画面ロックを。パスワード入力より指紋や顔を登録する「生体認証」のほうがロック解除されにくいでしょう。

身分証明書やスマホは個人情報の宝庫

身分証明書として使うマイナンバーカードや保険証、パスポートなどは一か所にまとめて保管せず、スマホには「生体認証」で画面ロックをかけておくなどの対策をしておきましょう。

郵便物を取られないように郵便受けは鍵付きに

郵便物からは、生活状況や資産・財産に関することなど、さまざまな情報が取れてしまうため、郵便受けには必ず鍵をつけて。ナンバー式よりも鍵で開ける南京錠タイプがお勧めです。

玄関と玄関から見えるところに絶対置いてはいけないもの

- **郵便物**
- **予定が書かれたカレンダー**
- **家族の情報**
- **間取り図**

注意したいのは、家の情報を外部の人に漏らさないこと。表札に家族全員の名前があると家族構成がわかりますし、外部の人も入ってくる玄関やリビングのカレンダーからは、旅行で留守にする日など、家族の予定がわかってしまいます。

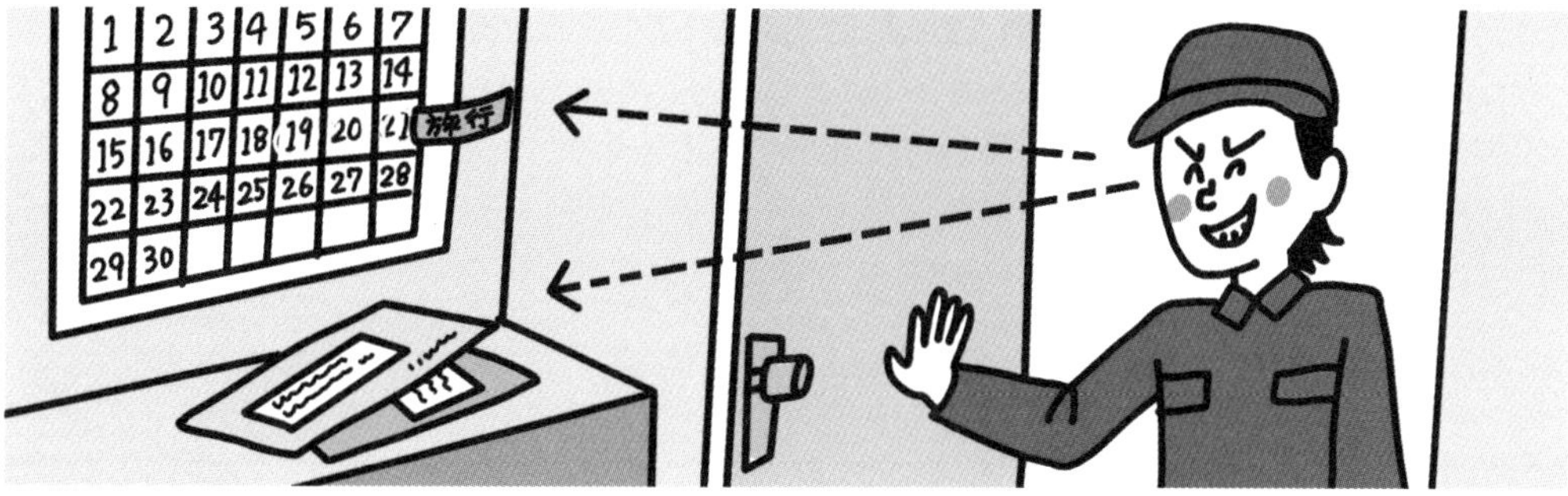

金融機関からの郵便物で財産の状況がわかる、購入先からの明細書で買ったものがわかるなど、郵便物からも多くの情報がわかります。成りすまし強盗や詐欺などに悪用されたりするので、郵便受けには必ず鍵をつけて盗難防止を。ナンバー式は偶然数字が合ってしまうことがあるため、南京錠のような鍵式タイプを選びましょう。

容易に外部に情報を与えないことも大切です。玄関に郵便物を置きっぱなしにしない、家族写真や間取りがわかるものを置かない、表札に家族の名前を書かない、カレンダーに家族の予定を書き込まない、といったことにも気をつけましょう。

地域の人同士で声を掛け合う

ご近所とのコミュニケーションを深めて地域の人の目を強化しましょう。地域で防犯パトロールを行ったり、自転車に「防犯パトロール中」というステッカーをつけたりするだけで効果が期待できます。

いつでも通報できるように家でもスマホを持ち歩く

家の中であっても、何かあったときいつでもすぐに通報できるように、スマホは常に肌身離さず持ち歩きましょう。トイレや風呂場へも持っていく習慣をつけてください。

盗難を防ぐ❺

ご近所に泥棒が入ったら気をつけるべきこと

近所より防犯レベルを少し上げる

泥棒は個人宅の下見だけでなく、近所の様子も観察しています。近所付き合いのない地域は人の目がないため、連続して何軒も被害に遭ったりすることが。また近年は外国人窃盗団による強盗被害も増えていて、短期間である地域が、なぎ倒すように強盗に入られるケースが出てきています。万が一、近所で泥棒被害があったら「自分の家も入られる」と考え

急な訪問者は断り、怪しい場合は通報する

押し込み強盗や成りすまし強盗を避けるため、知らない訪問者はインターホンのやり取りで追い返しましょう。怪しい場合、しつこい場合は警察に通報して構いません。

大事なものは貸金庫などに移す

盗まれては困る大事なものは隠し場所から出して、用心のためにしばらく自宅内から貸金庫に保管場所を移しておきましょう。

防犯グッズを多用する

自分の家にも入られると考え、防犯グッズを揃えて対策を強化しましょう。防犯ステッカーを買うときは多言語（日本語、英語、韓国語、中国語）表記のものを選ぶのがお勧めです。

て、在宅時間を増やしたり、知らない人を警戒したり、さまざまな防犯グッズを活用したりして対策強化を。「近所より少し防犯レベルを上げておく」という意識で、対策を進めていくことがポイントです。

　もうひとつ大切なのが、ご近所付き合いです。泥棒が犯行を諦めた理由で多いのが「声をかけられた、ジロジロ見られた」。すなわち近所の人の目が行き届いているだけで防犯効果は上がるのです。日頃から挨拶の声を掛け合うなどしておきましょう。防犯パトロールを実施する、親しいご近所さんと連れ立って散歩のついでに見回るといったこともしておくと効果的です。

家に設置できる 防犯グッズ①

玄関編

センサーライト

光量が300ルーメン以上ある明るいものを。

サムターンガード

サムターンガードは安価なので今すぐ設置しましょう。

カメラ付きインターホン

後付けすることが可能で、録画機能付きもあります。

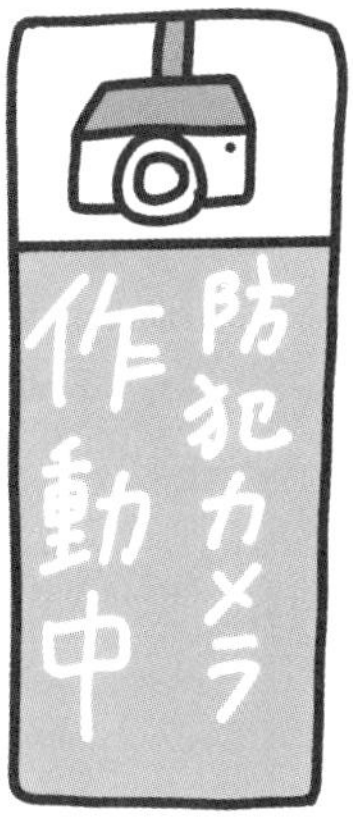

**防犯
ステッカー**

多言語表記のものがとくにお勧めです。

南京錠

鍵のない郵便受けにつけることで個人情報を守ります。

防犯砂利

踏むと大きな音がします。門や玄関前、庭にまきます。

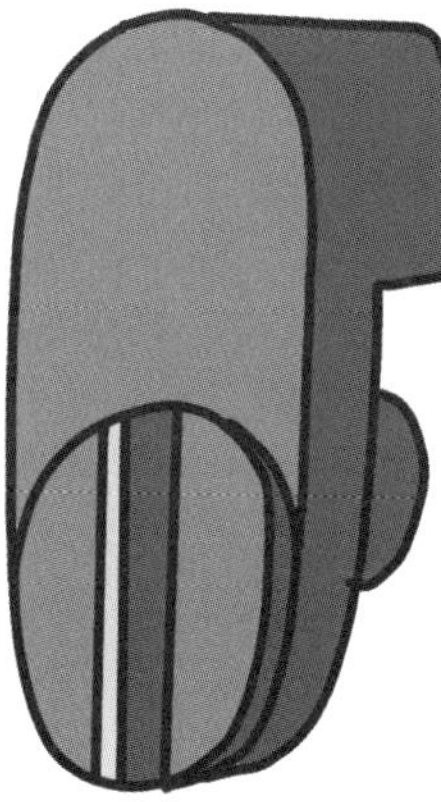

**スマート
ロック**

スマホと連動させることができます。

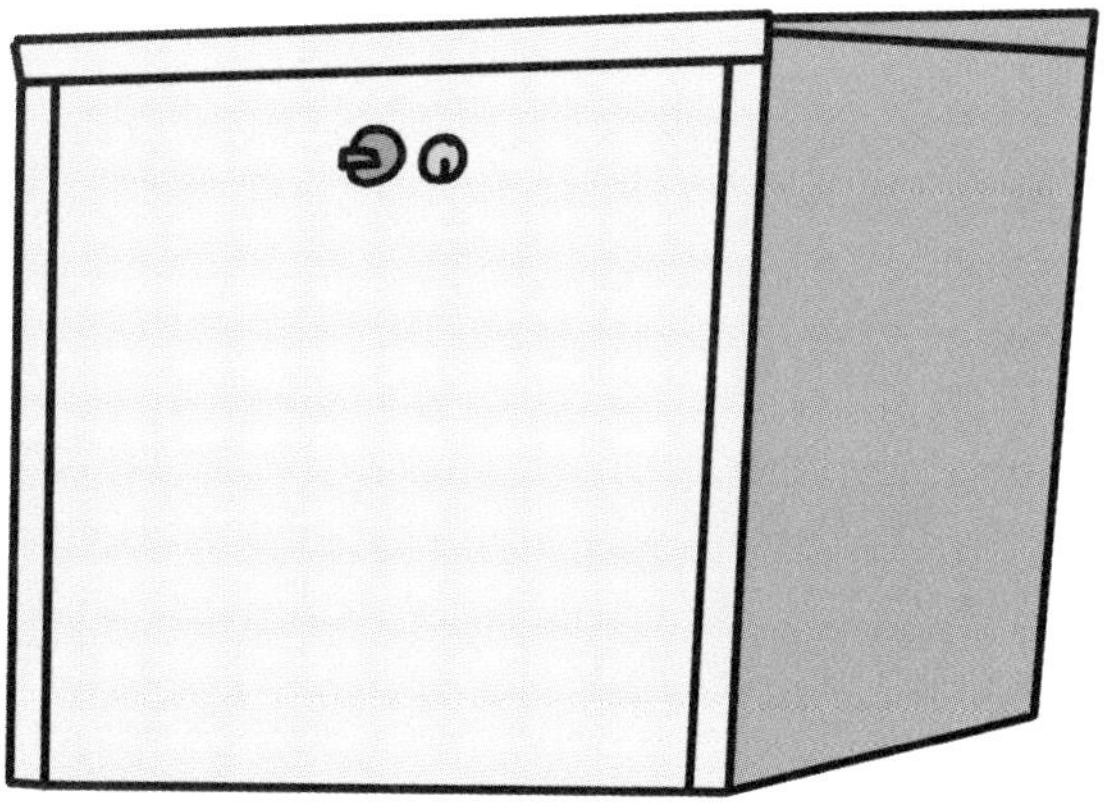

置き配ボックス

基本的に荷物は置き配に。施錠できるタイプがお勧め。

家に設置できる防犯グッズ②

窓・室内編

防犯フィルム

鍵の周囲に貼ります。350ミクロン以上あるものがお勧め。

窓アラーム

窓を開けると大音量が流れ不審者を撃退します。100デシベル以上の音量のものを選びましょう。

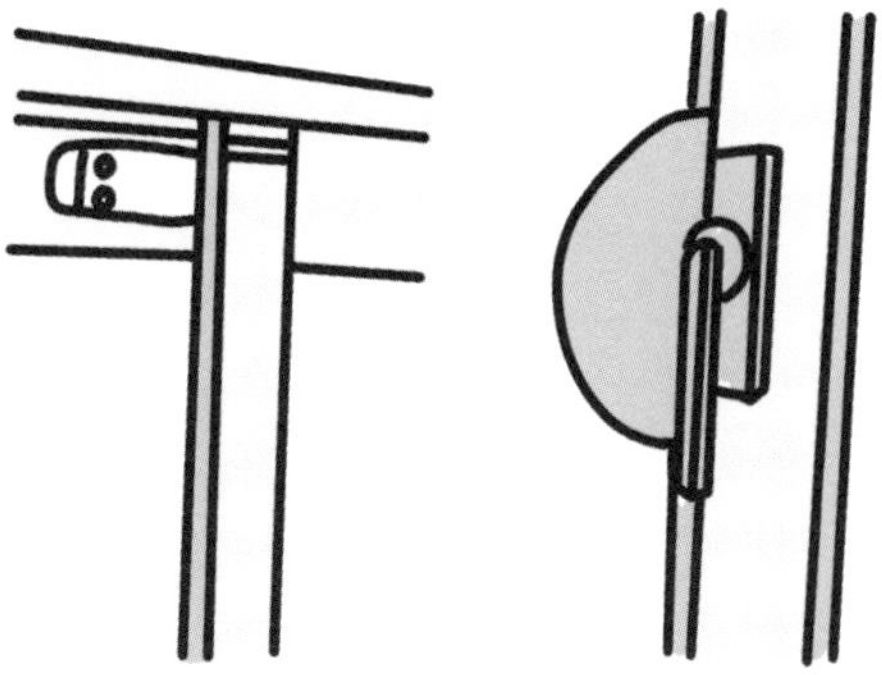

補助錠・キーガード

二重に鍵をつけたり、クレセント錠を守る装置をつけて警戒をアピール。

面格子

後から設置できます。ステンレス製だとより安心です。

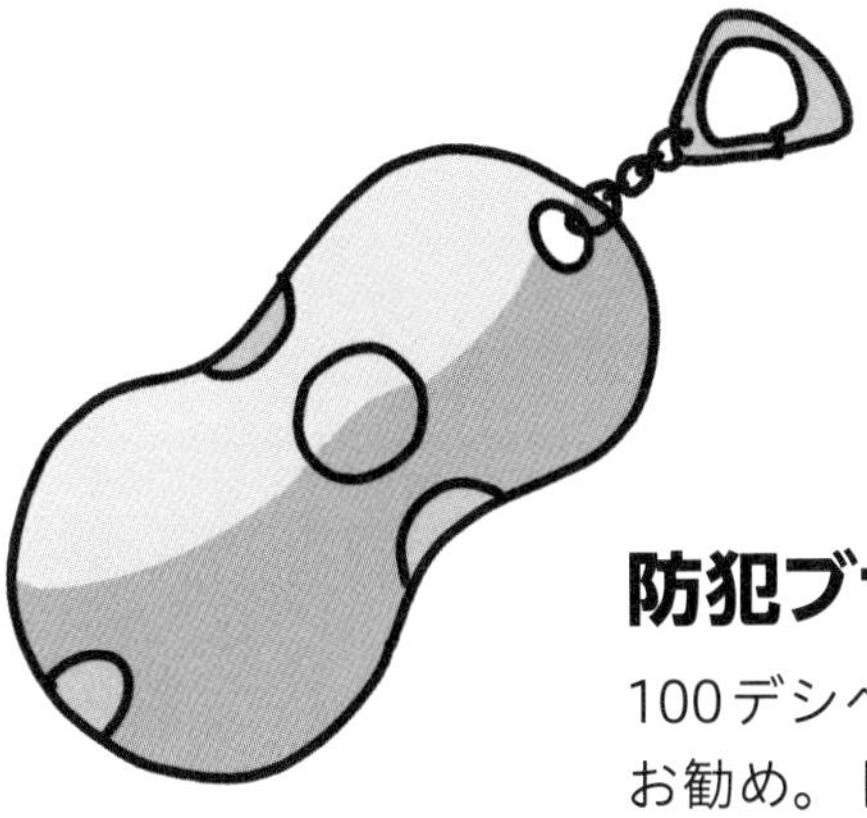

防犯ブザー

100デシベル以上のものがお勧め。トイレや浴室などに置いても。

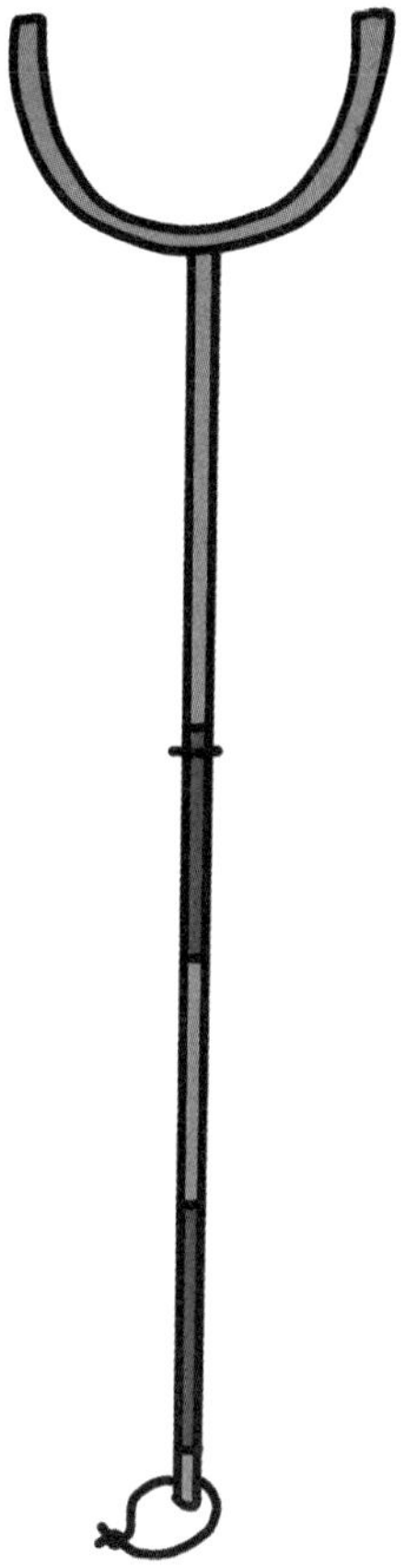

スマートホームカメラ

外出先からスマホで家の中を監視できます。

さすまた

商店を兼ねた自宅にとくに必須。相手との距離が取れます。

シュレッダー

郵便物の他、スーパーのレシートも切り刻むと安心。

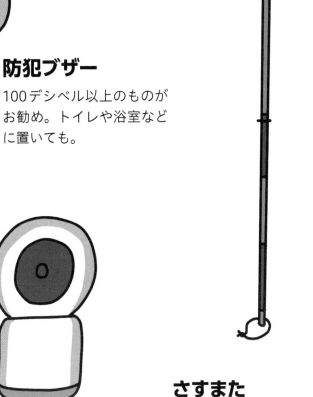

2章

もしも泥棒に入られたら

まずやるべきこと

P.42

PCやスマホ、個人情報を悪用されないために

P.44、46

在宅中に入られたら

P.48、50

「家に戻ってきたら何かおかしい！　空き巣に入られたかも⁉」と思ったときは、どうすればよいのでしょうか？　二次被害の防止も含めて「やるべきこと」を紹介します。

泥棒に入られたときにやるべき6つのこと

まずは通報する

犯人との万一の遭遇を防ぐため、速《すみ》やかに家の外に出て110番通報をしましょう。警察が到着したら一緒に被害状況を確認し、盗まれたものがあったら盗難届を提出します。

銀行・クレジットカード会社への連絡

カード類の場合、現物が残っていたとしてもスキミングで情報を盗まれているおそれがあります。できるだけはやく銀行やクレジットカード会社に連絡し、利用を止めてもらいましょう。

現状保存を忘れないで!

留守中の被害であっても、犯人がまだ中にいるおそれが。万が一の鉢合わせを避けるため、被害状況を調べたりするのは、警察が到着してからにしましょう。

また現状保存も大事です。ガラスが散らばったりしていても、片付けたりするのは厳禁。その中に犯人の髪の毛が落ちているなど、人物特定につながる証拠が含まれている可能性があるからです。何も触らず警察を待ちましょう。

確定申告をすると税金が戻ってくることも

被害額が保険金よりも大きい場合や保険に入っていなかった場合は、確定申告をすることで税金が戻ってくる可能性があります。修理費用も対象になるので税務署で相談してみましょう。

割られた窓などへの対処

ドアの鍵や窓が壊されていたら、一日もはやくリフォーム業者などに連絡して修理してもらいます。賃貸物件の場合は大家さんか管理会社に連絡し、修理の手配をしてもらいましょう。

一度入られた家は二度入られる！しっかり対策を

一度泥棒に入られた家は、「防犯対策が甘く侵入しやすい家」と判断されているので、再び狙われることも。二度目を防ぐためにも防犯対策を強化しましょう。

保険会社への連絡

火災保険や盗難保険などに加入している場合、補償内容によっては空き巣被害の保険金や修理費用が支払われることもあるので、加入している保険会社にも連絡しておきましょう。

警察が来たら、後は警察官の指示に従って行動し、被害がある場合は盗難届を出します。盗難届の受理番号は保険金請求の際に必要となるので控えておきましょう。その後は上記のように進めていきましょう。

あわせて防犯対策の強化もぜひ行ってください。「一度入られたから大丈夫」「もう来ないだろう」はありません。同じ家が数度にわたって入られている事件も実際にあります。一度入って物色した家は、犯人にとっても入りやすく、なおかつ勝手知ったる家です。防犯が甘いと再び狙われるおそれがあります。次の被害を防ぐためにもしっかり対策を行っておきましょう。

PCやスマホを盗まれたときにやるべき4つのこと

利用を一時停止する

スマホはいまや小さなコンピュータです。重要な情報もたくさん入っています。情報を悪用されないように、すぐに携帯電話会社に連絡して回線利用を一時停止してもらいましょう。

画面をロックする

勝手に操作をされないように「画面ロック」をします。スマホの場合、対応機種であることなどの条件を満たしていれば携帯電話会社への連絡の際に同時にロックしてもらえます。ノートPCは、マイクロソフト（Windows）、アップル（MacBook・iPadなど）のアカウントに別端末からサインインしてロック操作ができます。

とにかく使えないようにする

ノートＰＣやスマホの盗難では、何と言っても中の情報を悪用されないようにすることが先決です。とくにスマホは重要情報の宝庫。クレジットカード情報など自分自身の情報はもちろん、アドレス帳やＳＮＳから友人・知人の個人情報を知られたり、キャッシュレスアプリやショッピングサイトを使われたりするなどの金銭被害も起きやすくなります。パスワードをかけていても、ＩＤやパス

アプリを書き留めておく

盗難に遭ったときの事前対策として、スマホやPCに入れている個人情報関連、お金関連のアプリは事前にリスト化し、利用停止手順を確認しておくようにしましょう。

（個人情報関連）
フェイスブック　インスタグラム　X（旧ツイッター）　LINEなど
（お金関連）
クレジットカード　インターネットバンキング　交通系カード　ポイントカード　課金型ゲームなど

キャッシュレスアプリを利用停止する

キャッシュレス決済ができるアプリは、電源がオフのときも利用できてしまうものも。不正利用されないよう、ダウンロードしているサービスを利用停止にしましょう。

ワードの記録機能を使っていれば、簡単に第三者が利用できてしまいます。ですから、まずは使えないようにするための手配を早急に行いましょう。

画面ロックについては携帯電話会社によってできる条件が違います。自分のスマホの携帯電話会社に連絡して利用を停止してもらったら、画面ロックについても確認してみてください。またキャッシュレスアプリは、電源が入っていなくても使用できるものもあるため、サービス会社に連絡して利用停止を。PCやスマホは盗まれた後が大変です。もしもを想定して、利用アプリをリスト化しておく、利用停止の手順や事前対策をネットで調べておくなどしておきましょう。

マイナンバーカード、免許証、健康保険証が悪用されないために

機能停止を

電子証明書を搭載したスマホの盗難・紛失による一時

■ **個人番号カード**
コールセンター（有料）

0570－783－578

※つながらない場合には050-3818-1250（有料）

信用情報機関に盗難連絡をする

「本人申告制度」を使って、金融関連の信用情報を収集・管理している信用情報機関に盗難の連絡をし、悪用を防いでおくとより安心です。

信用情報にも盗難の事実をのせる

マイナンバーカードや免許証、保険証は身分証明書や本人確認書類としても利用されていますが、盗まれた場合、悪用されるおそれがあります。顔写真が付いていても、「写真付きだから悪用はされない」と安心してはいけません。写真に似せるなどして本人に成りすまし、消費者金融で借金をされたり、クレジットカードをつくって高額な買い物をされた

マイナンバーの窓口に電話して

コールセンターに電話して一時停止を依頼しましょう。マイナンバーカード及び利用停止については24時間365日で受け付けています。

■ マイナンバー
総合フリーダイヤル（無料）

0120－95－0178

再交付の手続きをする

マイナンバーカードは役所の担当窓口、免許証は運転免許センター・運転免許試験場、健康保険証は、社会保険なら加入している健康保険組合、国民健康保険の場合は役所の担当窓口で再交付の手続きを行います。

り、悪用されたケースがあるからです。

盗難届を出していれば、悪用されたとしても本人の利用ではないことが証明され、支払い責任は免《まぬが》れます。とはいえ悪用されるリスクは少しでも防いでおくに越したことはありません。銀行やクレジット会社、消費者金融などは、個人の信用情報を収集・管理している信用情報機関からの情報に基づいて取引を判断しています。信用情報機関には、全国銀行協会など3つの機関があります。悪用が心配な場合は、各信用情報機関が設けている「本人申告制度」を利用して、盗まれたことを連絡し、盗難の登録をしておきましょう。情報があれば悪用のリスクを減らすことができます。

在宅中に不審者に入られたら

家の外に逃げて安全を確保する

気持ちを落ち着けて、不審者に気づかれる前に家の外に逃げ出し、まずは身の安全を確保しましょう。110番通報できるようにスマホを持ち出すことも忘れずに。

逃げられなかったら相手がいなくなるまで隠れる

逃げ出す時間がなかったり、見つかる危険性が高かったりしたら、不審者が出ていくまでどこかに隠れます。

逃げる・隠れるで身を守る

在宅中であっても不審者はやって来ます。家事や庭作業で気を取られている間に、空いている窓から侵入したり、寝ている最中に忍び込んで金品を物色したり、隙があるとわかれば、いつでも侵入してくるものと考えておきましょう。

在宅しているときに、不審者がいることに気づいたら、とにもかくにも、スマホを手にして一刻もはやく外に逃げることです。その際に防犯ブザーや防犯笛を

家の中で隠れられる場所は？

クローゼット

扉を開けられても気づかれないように、洋服を自分のほうに寄せてカモフラージュします。

トイレ

鍵を閉めます。鍵がない場合、見つかりそうになったらドアを勢いよく押し開けて逃げましょう。

ベランダ

部屋の中からだと死角になって見えない位置を探し、そこに身を隠します。

浴槽

浴槽の中に隠れて風呂の蓋《ふた》を閉めておけば、人がいるとわかりにくくなり気づかれません。

床下収納

不審者があまり気づかない場所なので、床下収納があるなら息を潜めてそこに隠れます。

押し入れ

布団の隙間に潜り込んだり、中にあるものの陰に身を潜めたりしましょう。

鳴らしておくと、音に驚いて不審者が逃げていく可能性があるので、備えとして家の中のあちこちに防犯ブザーや防犯笛を置いておくのもお勧めです。

　不審者が侵入してきた瞬間であれば逃げるために催涙スプレーなど、距離を取ったうえで対応し、隙ができた瞬間に逃げます。

　逃げる時間やチャンスがなかったときは、人の気配がなくなるまでどこかに隠れていましょう。鍵のかかる部屋、トイレ、浴槽、クローゼットがあればそこに。鍵がないようなら、見つからない隠れ方をします。隠れる際には、隙を見て通報できるようスマホも忘れずに持っていきましょう。

鉢合わせを防ぐために

居留守は使わず
インターホンで追い返す

在宅確認のためにインターホンを鳴らす泥棒も多いため、居留守を使うと「家に誰もいない」と思われて侵入される危険性があります。不審な訪問者はインターホンを使って追い返しましょう。

在宅時もしっかり
侵入防止対策を

住人の留守中に盗みをする空き巣と違い、居空きや忍び込みは、人がいても侵入してきます。万が一鉢合わせしてしまうと、逃げようとした不審者にけがをさせられたり、居直った不審者が強硬手段に出て、命の危険にさらされたりするかもしれません。在宅中も十分警戒をしておきましょう。

また日中でも安心はできません。統計によると、泥棒の7割がインターホンで

在宅中こそ侵入防止対策を入念に！

ドアや窓に音の鳴る警戒グッズを

玄関が開けられたり、窓ガラスが割れた音に反応してブザー音が鳴る防犯グッズもあります。オン・オフの切り替えができるタイプもあるので、日中ひとりでいるときや就寝中の防犯用に設置しておきましょう。

換気をする際にも補助錠を

人のいない部屋の窓を換気のため開けておいたら、気づかないうちに侵入された。こんな状況を防ぐため、換気の際は5㎝ほど窓を開け、それ以上開かないように補助錠をセットしておきましょう。

窓やドアの外に大きく防犯警戒中ステッカーを

防犯ステッカーが貼ってあると、防犯意識の高そうな家と判断して不審者も侵入を諦めます。ホームセンターなどで買えるので、窓やドアの目につくところにステッカーを貼っておきましょう。

在宅確認をしています。訪問営業などを嫌って居留守を使うと、外出中と思って侵入してきた泥棒と鉢合わせしてしまうおそれも。居留守は使わず、不要な訪問は「結構です」のひと言で追い返すようにしましょう。

　戸締りにも気を配ってください。日中の在宅時でも、人の気配のない部屋の窓、鍵を開けたままの玄関・勝手口など、隙のあるところから泥棒は入り込んできます。ドアの鍵を閉めておくのはもちろん、換気で窓を開けておきたいときも補助錠をかける、侵入がわかる仕掛けをセットしておく、防犯意識をアピールするなどの対策で、不審者との鉢合わせを防ぎましょう。

主な盗難連絡先

（2023年11月現在のもの）

携帯電話会社

ドコモ

0120-524-360 （年中無休、24時間）

au

0077-7-113 （年中無休、24時間）

上記番号が利用できない場合

0120-925-314

ソフトバンク

0800-919-0113 （年中無休、24時間）

楽天モバイル

0800-600-0500 （年中無休、24時間）

キャッシュレスアプリ

PayPay	携帯電話紛失・盗難専用窓口　**0120-990-633**（年中無休、24時間）
モバイルSuica	サポートセンター　**0570-78-3049**（有料）（年中無休、10時～19時）
nanaco	お問合わせセンター　**0570-071-555**（有料）（年中無休、24時間） または**0422-71-2266**
WAON	イオンカードコールセンター〈紛失・盗難ダイヤル〉**0570-079-110**（有料）（年中無休、24時間）
iD	利用しているクレジットカード会社に連絡
QUIC Pay	利用しているクレジットカード会社に連絡

信用情報機関

全国銀行協会　全国銀行個人信用情報センター

0120-540-558（月～金、9時～12時・13時～17時）
※携帯電話等から　**03-3214-5020**（有料）

株式会社CIC（クレジット・信販系）

0570-666-414（月～金〈土・日・祝日・年末年始は受付不可〉、10時～16時）

日本信用情報機構JICC（消費者金融系）

0570-055-955（月～金〈祝日・年末年始除く〉、10時～16時）

3章

詐欺に騙されない

詐欺を知る

P.56

街角で遭いやすい詐欺

P.58

玄関からやって来る詐欺

P.60

電話やインターネットで遭いやすい詐欺

P.64、66

詐欺の手口はどんどん巧妙になってきていて、生活のいたるところから入り込んできます。被害に遭わないためには、さまざまな詐欺の手口を知っておくことがとても大切です。

詐欺は生活のいたるところにある

街角

- お花詐欺
- 投資詐欺
- 義援金詐欺
- 署名詐欺
- 無料健康器具のお試し詐欺

玄関

- キャッシュカード詐欺盗

「自分は騙されない」と過信しない

詐欺師は、さまざまな手口を使って個人情報を入手し、お金を騙し取ろうとします。また親切心や不安感につけ込むのも常套《じょうとう》手段です。

知らない人からの接触については、まず「もしかしたら、これは詐欺かも?」と警戒の気持ちをもつようにし、家族構成やお金に関する情報など、個人情報を簡単に教えないようにしましょう。

Webサイト・SNS・メール

- 偽サイト詐欺
- ワンクリック詐欺
- 閉店セール詐欺
- 投資詐欺
- ロマンス詐欺
- SNSで
  個人情報の流出

電話

- マイナンバー
  漏れていますよ詐欺
- オレオレ詐欺

玄関

- 送り付け詐欺
- 買い取り詐欺
- 点検詐欺
- 訪問詐欺

街角で遭いやすい詐欺

お花詐欺

海外からの留学生を名乗る若い人が「学費が足りないから」「生活費に困っているので」と訴えて、花束や小袋入りのキャンディ・チョコレートを「買ってください」と言ってきます。

↓

こうして撃退！

笑顔で堂々と無視

少額だからと慈悲《じひ》の気持ちで買ってしまいがちですが、基本は相手にしないことです。声をかけられたらニコッと会釈《えしゃく》をして通り過ぎましょう。

投資詐欺

声をかけられて「金融リテラシーが身につく」「上手な投資のやり方を教える」などと、投資をテーマにしたセミナーに誘われ、投資をさせられたり、情報商材を買わされたりします。

↓

こうして撃退！

「興味がありません」「家族が反対しています」

「話を聞くだけなら」と気軽に考えないことが大切です。しつこいようなら「投資に興味がありません」「家族が投資に反対しているので」ときっぱり断りましょう。

対応しない、その場で即決しない

かつてと違い、今は善意の気持ちが詐欺に利用されることも少なくありません。「困っている人のために何かしたい」と思っても、街角で声をかけられた場合は警戒が必要です。目が合って声をかけられても、足を止めずに、ニコッと会釈をして通り過ぎましょう。もし足を止めて話を聞いてしまっても、その場での記入や購入や契約はしないで、「家族と相談します」ときっぱり断り、即決しないようにしてください。

署名詐欺

街頭での署名活動の中にも、住所、氏名、電話番号、家族構成といった個人情報の取得を目的とした詐欺がまぎれ込んでいることも。

こうして撃退！

「個人情報を書くならお断りします！」

知らない相手に個人情報を渡すのは厳禁。住所や電話番号などの書き込みが必要な場合は、「個人情報を書かなくてはいけないならお断りします」と言ってきっぱり断りましょう。

義援金詐欺

自然災害の被災地への復興支援で募金や義援金を強要したり、「戦地に住む人たちに折り鶴を届けよう」などと言って寄付を名目に折り紙を買わせたりします。

こうして撃退！

信頼できる団体に直接寄付する

有名団体を名乗って勧誘する募金詐欺などもあるので、寄付したい場合は信頼できるNPOや公的機関の公式サイトを通じて振込先を調べ、そこから寄付するようにしましょう。

無料健康器具のお試し詐欺

「健康器具の無料マッサージをやっているのでどうぞ」などのお試しサービスは、健康サプリや高額商品のキャッチセールスの入り口です。試している人たちがサクラであることも。

こうして撃退！

「家族に聞いてみます」

試した後に商品購入や契約を勧められたら、「主人や子どもに聞いて、相談しないとわからない」の一点張りで通してその場を去りましょう。

玄関からやって来る詐欺

見知らぬ訪問者は家に入れない

玄関からやって来る詐欺への対策は、うっかり家に入れないことです。中には銀行員を装い、キャッシュカードを回収したり暗証番号を聞き出そうとしたりする詐欺師もいます。見知らぬ訪問者に対しては、インターホンやドア越しのやり取りで応対します。また、やり取りが長引くほど、個人情報を与えやすくなるので、「いりません」「必要ありません」ときっぱり断ることも大切です。

送り付け詐欺

注文していない生鮮食品や雑貨などが宅配便で送られてきて、代引きで料金を請求されたり、後から支払い請求が来たりします。家族が注文したと勘違いして支払ってしまうことも。

こうして撃退！

1. 代引きの場合は家族に確認

宅配業者の人に少し待ってもらい、家族に「注文したかどうか」を確認しましょう。誰も覚えがないものは受け取り拒否を。

2. 請求されても払わず、すぐ処分する

勝手に送り付けられたものは「売買契約」が成立していないため、ただちに処分して構いません。開封してしまっても、食べてしまっても支払い義務はないので、代金を請求されても払う必要がないことを覚えておきましょう。

3. 販売業者への連絡は絶対にしない

販売業者の連絡先（電話番号・メール・サイトURL）があっても確認や問い合わせ連絡はNGです。連絡するとこちらの電話番号やメールアドレスなどを知られてしまいます。

4. しつこい請求は公的機関に連絡

おかしいなと思ったり、執拗に支払い請求をされたりしたら消費者ホットライン（188番）や最寄りの警察署などに相談しましょう。

買い取り詐欺

不用品の出張買い取りをうたって連絡し、家に入れると貴金属や指輪などの査定を始めて、正当な価格より安価で持ち去ります。

こうして撃退！

1. 家には上がらせない

「お宅までお伺いして査定します」と言われても、買い取り業者は家に入れないことが基本。訪問しての買い取りを持ち出されたら「訪問は不要です」と断るのがベストです。

2. 業者や会社をまず調べる

電話でアポがあっても買い取り希望の商品をすぐ伝えず、「必要なら連絡します」と電話を切り、インターネットで社名検索して入念に調べてから利用するかどうか判断を。

3. しつこい場合は「警察を呼びます」

家に招き入れてしまい、帰ってくれないときは、「不退去罪で警察を呼びます」と言いましょう。

※「不退去罪」とは

住居などから出ていくように要求を受けたにもかかわらず、退去せずにそのまま居座り続けること。刑法違反になる。

その買い取り業者、強盗予備軍かも!?

高額の訪問買い取りをうたって家に上がり込み、間取りや物品を下見する強盗もいます。査定・買い取りを希望する商品がある場合は、古物商許可証や行商従業者証を取得している信用のおける会社を選び、一度は必ず店舗に出向いて相手を確認しましょう。

点検詐欺

「無料で点検します」「近所で屋根工事をしていて偶然見つけたので」などを口実に訪問し、このままでは危ないと不安をあおって、高額な商品やサービスを契約させようとします。

点検詐欺にはこんなバリエーションがある

布団　無料クリーニングやダニの点検などを口実に高額な布団を買わせる

床下換気扇　「このままだと湿気でダメになる」などと言って必要のない床下換気扇を取り付けさせる

浄水器　水道局職員を装い、「水道水が危ない」「法律が改正された」などと言って高額な浄水器を取り付けさせる

シロアリ駆除　シロアリ被害の点検と称して、「土台がダメになっている」などと言い高額な工事を契約させる

屋根工事　「別の作業中に見つけたから」などと屋根の不具合を伝え、高額な修理を契約させる

こうして撃退！

1. ドアロックをしたまま対応

インターホンが鳴っても、すぐ玄関ドアを開けないで、インターホン越しかロックしたドア越しで応対しましょう。

2. 即決せず、見積もりを何社か取る

もし興味があったとしても、相場がわからないものは即決せず、何社か見積もりを取って比較検討しましょう。

3. 「警察に通報します」と言う

相手がしつこくて、なかなか帰らない場合は「警察に通報します」と言いましょう。

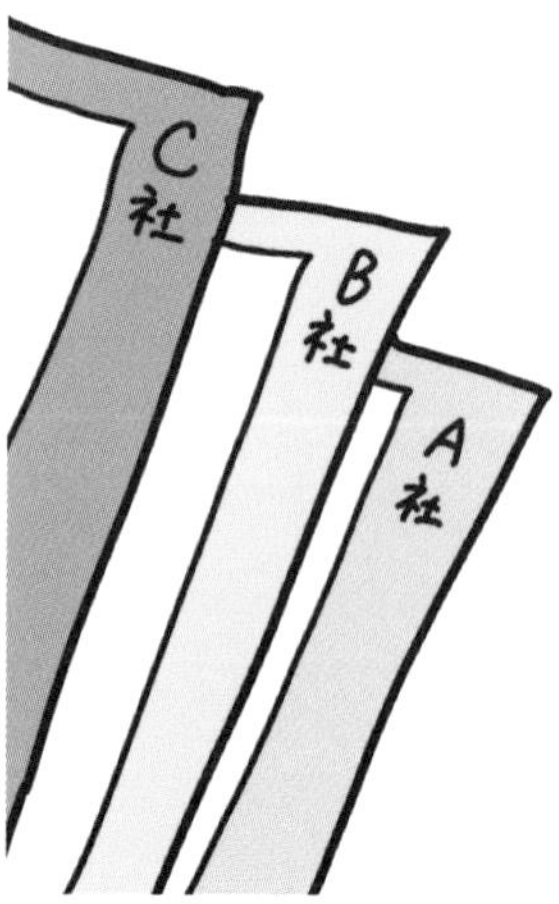

訪問詐欺

訪問営業の中にも、さまざまな詐欺が潜んでいるため、鍵を開けずに対応するのがいちばん。現在はアポなしの飛び込み営業には、素性をきちんと伝えるなどの制約がかけられていることも知っておきましょう。

訪問詐欺にはこんなバリエーションがある

永代供養詐欺　実在するお寺の名前を使って信用させ、高額の墓地を契約させる

老人ホーム勧誘詐欺　実在する施設のパンフレットを持参し、ホームページなども見せて信用させ、契約させる

運用代行詐欺　仮想通貨や未公開株の売買などの運用代行、または架空投資をもちかけ、資金を騙し取る

太陽光発電パネル詐欺　「売電収入が得られる」「モニター価格で安い」などの言葉でもちかけ、相場より高額な商品を契約させる

高速ネット回線詐欺　「安くなる」「今なら工事費無料」を謳《うた》い文句に、高速ネット回線への悪質な契約をさせようとする

こうして撃退！

1. 施設は実際に見るまで契約しない

墓地や施設の購入は話やパンフレットだけで決めず、実際に現地を見てからにしましょう。

2. 会社名や所在地を確認する

会社の名前や所在地をネット検索して、実在するのかや評判などを調べておきましょう。

3. その場で押印やサインをしない

詐欺犯は即決を迫ります。その場で押印やサインを求められても「家族と相談してから」「家族に確認してから」と言って断りましょう。

電話で遭いやすい詐欺

知らない番号なら出ないで無視

非通知や知らない番号からの電話には出ないようにし、怪しいと思ったらすぐに切ること。固定電話の場合は便利な詐欺対策機能のついた電話機に換えるのもお勧めです。また携帯番号に直接メッセージを送信できる「ショートメッセージ（ＳＭＳ）」に「不在だったので荷物を預かっています」といった通知が来ることも。それも詐欺なので、確認連絡などはしないで無視してください。

マイナンバー漏れていますよ詐欺

「あなたのマイナンバー情報が漏れている。消去にお金がかかる」と言って消去手数料を振り込ませたり、「銀行口座との紐づけが必要」と口座番号・暗証番号を聞き出そうとしたりします。

↓

こうして撃退！

1. 常に留守番電話にしておく

固定電話は常に留守番電話に設定しておき、知人からの電話だけに出る、あるいはかけ直すようにしましょう。

2. 会話録音機能のある電話に

「防犯のために録音している」とメッセージが流れ、実際に会話を録音してくれる詐欺対策機能がついた電話に換えましょう。

3. 銀行口座や暗証番号を教えない

公的機関や銀行は、電話や訪問などで口座番号や暗証番号を尋ねたりしないため、聞いてくる場合は100%詐欺です。絶対に教えないようにしましょう。

オレオレ詐欺

現在のオレオレ詐欺は複数犯が警察官や弁護士に成りすましたり、入金方法を変えたり、種類や手口がどんどん巧妙化しています。「自分は騙されない」は通用しないと考え、警戒を緩めないようにしましょう。

進化したオレオレ詐欺にはこんなバリエーションがある

名簿やアンケートを活用

入手した家族構成や情報に基づいて話をして信用させ、「携帯番号が変わったから登録して」と自分たちの番号登録をさせて詐欺につなげる

ご当地オレオレ詐欺

なまりで信用させようと、大阪弁や東北弁などの方言で話をしてくる

レターパック送れオレオレ詐欺

銀行や郵便局での振り込みを避け、レターパックや小包で現金を送付させる

受け子訪問オレオレ詐欺

子ども・孫の友人や同僚を装った「受け子」が自宅を訪問して、現金やキャッシュカードを受け取る

↓

こうして撃退！

1. 常に留守番電話にしておく

対策の基本は留守番電話に設定しておくことです。電話番号やメッセージを確認して知人からの電話にだけ応対しましょう。

2. 会話録音機能のある電話に

オレオレ詐欺への対策も、詐欺対策機能がついた電話に換えることが有効です。今は各メーカーからさまざまな電話機が出ているので思い切って買い替えを。

3. 必ず本人に電話し、合言葉を確認

慌てて対応しようとせず、本人に必ず電話を入れて本当かどうかを確かめましょう。日頃から合言葉を決め、合言葉で確認するのもお勧めです。

メールの罠

金融機関や有名なショッピングサイトを装ったメールに個人情報を入力することで、悪用されるケースがあります。

↓

こうして対策

■パソコンやタブレットにウイルス対策ソフトを入れる

詐欺メールからのウイルス被害を防ぐため、パソコンやタブレットには有効なウイルス対策ソフトを入れ、常に更新やバージョンアップをしておきましょう。

■スマホのアプリ一覧は定期的に確認する

ダウンロードしたアプリに、隠しウイルスアプリが仕込まれてIDやパスワードが盗まれることも。「設定」から定期的にアプリ一覧を確認し、覚えのないものは削除しましょう。

■銀行口座や暗証番号を入力しない

添付されたURLをクリックしてログインサイトが出てきても、個人情報を入力するのは絶対にNG。怪しいと思ったら、すぐ「×」を押し、サイトを閉じてしまえば問題ありません。

個人情報が流出すると、送り付け詐欺（P.60参照）の二次被害につながることも！

ホームページの罠

検索して出てきたサイトが信用できるものとは限らないので注意が必要です。

こうして対策

■ ふるさと納税はポータルサイトや自治体HPから調べる

ふるさと納税を行う際は、各自治体のホームページから調べ、そこで紹介されているポータルサイトを利用するようにしましょう。

■ ペットを飼うかは対面で決める

ネットからのペット購入は、買ったペットが届かない、病気をもっていたなどの詐欺やトラブルのもと。必ず取り扱い先の人間やペットと直接対面して飼うかどうかを決めましょう。

■ ワンクリック詐欺の請求は無視する

サイトを見ていて、いきなり会員登録画面や支払い警告画面が出てきても、焦ったり慌てたりしないで「×」を押してサイトを閉じ、パソコンを再起動させれば大丈夫です。

偽サイトを見破るには

偽のショッピングサイトは、よく見るとおかしなところがあります。たとえば「会社情報が載っていない」「決済方法が銀行振り込みだけ」「いろいろなところから寄せ集めた画像を使っている」「日本語の使い方やフォントがおかしい」などです。少しでも違和感を覚えたり、おかしいと感じたりしたら利用しないようにしましょう。

SNSの罠① 詐欺対策

ソーシャルネットワーキングサービス＝ＳＮＳは幅広い層に利用されるようになりました。便利ですが、詐欺犯の目的はお金と個人情報です。気をつけましょう。

こうして対策

■無料モニターや閉店セールには近づかない

無料モニターの募集や閉店セールの案内、「在庫が余ってしまったので助けて」といった投稿は、金銭被害に遭うおそれが。個人情報も渡ってしまうので、お得な話には飛びつかないようにしましょう。

■「〜で儲かる」という言葉を見つけたら無視

副業で儲かる、セミナーで儲かるといった勧誘広告も詐欺と考えたほうが安全です。おいしい話には裏があります。「儲かる」の言葉には乗らず、無視しましょう。

■メッセージのやり取りだけの相手にお金を振り込まない

外国人社長、パイロット、医師という人からのＤＭでの連絡や友達申請は、ほぼロマンス詐欺です。直接会ったこともなく、やり取りだけで親しくなった相手から「お金がなくて助けてほしい」と言われたら即座にブロックを。

SNSの罠②　強盗対策

ちょっとしたつぶやきや写真も、社会全体に公表しているという意識を忘れずに。また、居場所が知られることで詐欺だけでなく強盗のターゲットになるおそれも。

こうして対策

■リアルタイム情報を投稿しない

「今〇〇にいます」のように、リアルタイムで投稿すると、家を留守にしていることがわかってしまいます。リアルタイムの情報投稿は避け、事後にまとめて投稿しましょう。

■写真は加工して投稿する

最近のスマホカメラは高解像度なので、写り込んだものからさまざまな個人情報が取れてしまいます。室内は写さない、自宅周辺の風景や看板は加工してから写真を投稿するなど気をつけましょう。

■写真撮影はGPSをオフにしてから

GPSがオンのまま写真撮影すると、撮影場所や撮影日が記録され、投稿した写真を調べるだけで居場所がわかってしまいます。面倒でもGPSをオフにして写真撮影をしましょう。

■フリー Wi-Fiは使わない

公共のWi-Fiであっても、フリー Wi-Fiには本物に偽装した偽物Wi-Fiが紛れ込んでいます。アクセスすると情報を抜かれることがあるため、フリー Wi-Fi は基本的に使わないほうが安心です。

4章

街歩きにも注意

スリ・置き引き

P.72

ひったくり

P.74

自転車・電車・バス・車

P.75、76、77

スリやひったくりに遭う、自転車盗難や車上荒らしに遭う、突き飛ばし被害に遭うなど、外出中も危険は潜んでいます。シニア女性は力が弱いと見られて狙われがちなので気をつけましょう。

バッグの口はしっかり閉める

バッグやリュックの口をしっかり閉めておくだけでスリ被害は防げます。バッグを購入する際はファスナーやひねり金具付きなど簡単に開けられないタイプを選ぶのもよいでしょう。

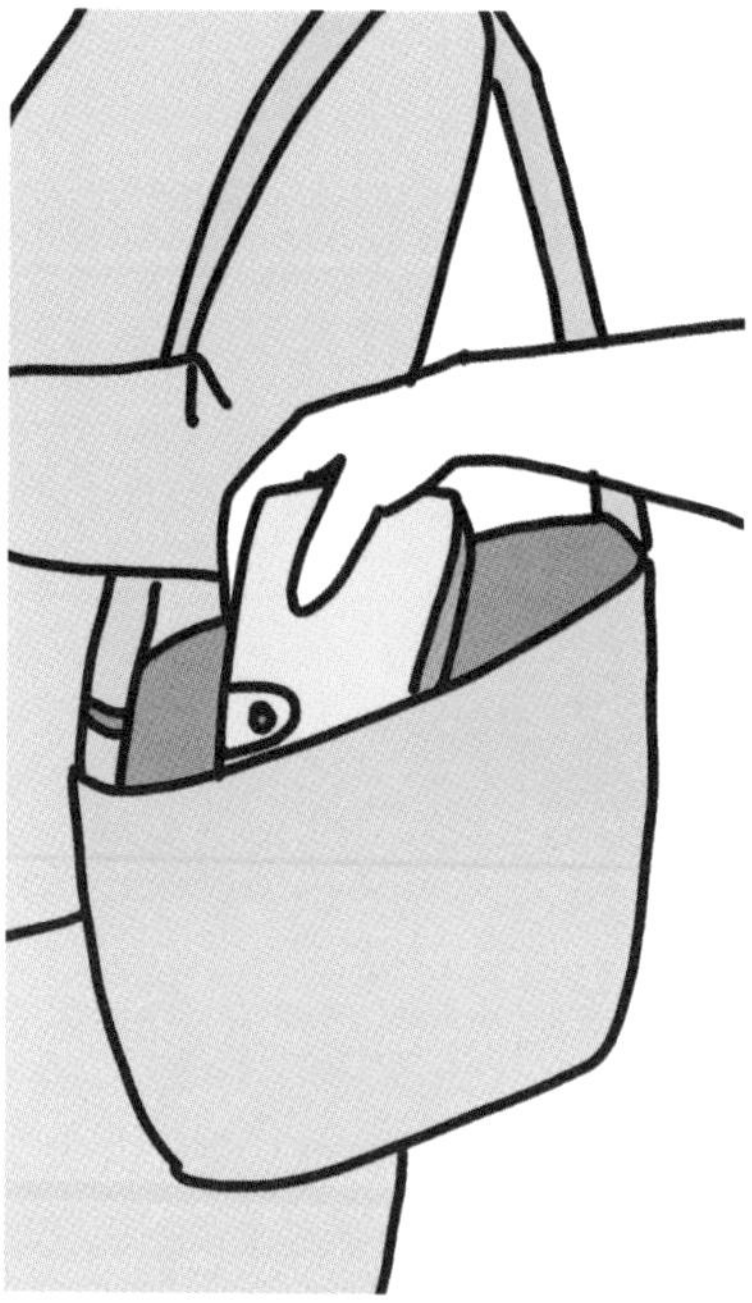

かぶせのないバッグにはスカーフやマフラーを

オープンタイプのトートバッグやかごバッグの場合は、スカーフや布などをかけて中身が見えないようにし、スリ対策をしましょう。

人が密集する場所では
バッグは体の前に

実演販売やイベントなど、人が密集し、なおかつ意識が目の前の光景に集中しやすい場所では、バッグやリュックを体の前で持つようにしましょう。片手をバッグの上に置いておくのもお勧めです。

片手は自由に
なるように

荷物で両手がふさがっていると、何か起こったときに手が使えません。片手は常に空けて自由に動かせるようにしておきましょう。

買い物カートに
貴重品は厳禁

買い物カートに貴重品の入ったバッグをポンと入れておくと、簡単に持ち去られる危険があります。そのままカートを離れて商品選びをするのは「盗ってください」と言っているようなもの。バッグは体から離さないようにしましょう。

注意が他に逸れているとき
も荷物を意識して

グループ犯の場合、何かをこぼす、道を尋《たず》ねる、小銭をばらまくなどして注意を向けさせ、その隙に他の人間がスリや置き引きをするというパターンも。注意が他に向いたときも、荷物を意識することは忘れずに。

歩道の内側を歩く

ガードレールがない道などでは、自転車やバイクによるひったくりが多発しています。防ぐためにも車道側からは離れて、歩道の内側を歩きましょう。

ながら歩きをしない

スマホを見ながら、スマホで話しながら、音楽やラジオを聴きながらといった「ながら歩き」は注意がおろそかになります。ひったくり犯が近づいてきても気づかないのでやめましょう。

荷物・バッグは歩道側の肩にかけ、できれば斜め掛けに

荷物やショルダーバッグは歩道側の腕や肩にかけて持ちましょう。できればバッグが歩道側に来るようにして斜め掛けにしておくとよいでしょう。

ブザーや防犯笛を持ち歩く

咄嗟《とっさ》のときに大声はなかなか出せません。突然の被害に遭ったとき、すぐ周りに知らせることができるよう、音量が100デシベル以上の防犯ブザーや防犯笛を持ち歩くようにしましょう。

自転車

ヘルメットをして身を守る

2023年4月1日から、自転車に乗るときのヘルメット着用が努力義務となりました。自転車事故や転倒などの際に頭部を守るためにもヘルメットを着用しましょう。

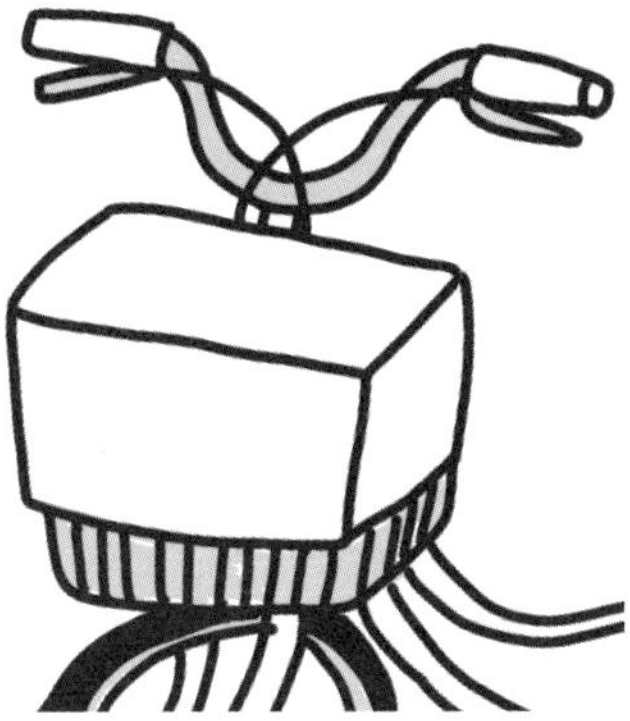

かごには カバーをかけて 中のものの盗難防止

自転車のかごに入れたバッグをひったくられたり、盗まれたりしないように自転車かごにも防犯カバーをかけるようにしましょう。

電動自転車は スピードに注意

電動自転車は気がつかないうちにスピードが出ています。また平坦なところでの踏み始めは加速がつきやすいので、こちらが加害者にならないためにも、信号待ちからの発進の際などはスピードに注意しましょう。

自転車の盗難防止対策に ダブルロックで 構造物とつなげる

街中で自転車を盗まれないためには、ワイヤーロックやU字ロックなどの頑丈な鍵2つでダブルロックを。ワイヤーロックを電柱やガードレールなどの構造物とつなげておくと持ち去られません。

待っているときは先頭に立たない

ぶつかられて前方に転倒したり、故意の突き落としなどに遭わないよう、電車やバスを待っているときは先頭に立たず、ホームや車道の端から距離を取るようにしましょう。

怪しい動きの人からは距離を取り非常ボタン近くに移動

据《す》わった目で独り言をブツブツ言っている、目が血走っている、キョロキョロしているなど不審な様子の人からは距離を取りましょう。電車の場合は車両を移って、非常ボタンの近くに移りましょう。

手荷物は網棚に置かない

手荷物は必ず手元で抱え、網棚などに置かないようにしたほうが安全です。網棚に残したまま空席に移動する行為は、荷物を持ち去られる危険が高いので禁物です。

親切心からお説教はNG

今は逆ギレされることも多いため、マナー違反が目についても注意やお説教はガマン。どうしても気になる場合は車両を移るなどしましょう。

車

ドライブレコーダーは360度撮影可能なものを

あおり運転の抑止や万一の事故のときの記録用に、ドライブレコーダーは必ずつけておきましょう。つけるなら全方位360度で撮影と記録ができるタイプがお勧めです。

車上荒らし対策に貴重品を置かないこと

車から離れるのが短時間で、なおかつロックをかけたとしても、車内の目につくところにバッグやパソコンなどの貴重品は置いていかないようにしましょう。

小銭やETCカードは自宅に持ち帰る

小銭やETCカードは必ず持ち帰るように。たった数百円の小銭を盗るために、犯人はガラスを割って奪います。ガラスの修理代のほうが高くつきますので、ご用心を。

タイヤロック、ハンドルロックで愛車を守る

自動車窃盗を防ぐには、ハンドルに「ハンドルロック」を装着する、タイヤに「タイヤロック」を装着するなどして車が動かせないようにする方法もあります。

各種相談窓口一覧

警察に相談したいときは

警察相談専用電話

#9110

購入した商品についての問い合わせは

消費生活センター
消費者ホットライン

188番

詐欺や反社会組織に関する警察への情報提供は

匿名通報ダイヤル

0120-924-839

(月〜金、10時〜 17時)

救急車を呼ぶかどうか迷ったら

救急安心センター事業

#7119

詐欺？　強盗？　怪しい人を見かけたら

110番

火事、けが、急病　自分や他人の身に起こったら

119番

子どもが虐待を受けている！？

厚生労働省児童相談所虐待対応ダイヤル

189番

密漁や海の犯罪は

海上保安庁

118番

落とし物をしたら

最寄りの交番へ

日頃の通報、近所の目で
「犯罪を許さない街」をアピールすることにより、
悪い人物を寄せ付けず地域の治安が守られやすくなります。

〈監修者略歴〉
京師美佳（きょうし・みか）
防犯アドバイザー、犯罪予知アナリスト。元警察署長の父と刑事の姉を持つ防犯のサラブレッド。2005年、京師美佳セキュア・アーキテクト設立。2009年、一般社団法人全国住宅等防犯設備技術適正評価監視機構理事就任。セキュリティ全般の知識を活かして、建物の防犯診断、防犯プロデュースなど幅広く活動。Yahoo！ニュース公式コメンテーター、テレビの情報番組やニュース番組など、メディアにも多数出演。これまで受けた相談、診断は7000件以上。講演、YouTube防犯チャンネル、TikTok防犯教室などでの啓発活動も行い、YouTube再生64万回、TikTok再生170万回（2023年11月現在）の動画では、若年層からの視聴も多い大人気コンテンツとなっている。監修書に『60歳から絶対やるべき防犯の基本』（主婦の友社）などがある。

今日からできる60歳からの自力防犯

2024年1月10日　第1版第1刷発行

監修者　京師美佳
発行者　村上雅基
発行所　株式会社PHP研究所
京都本部　〒601-8411　京都市南区西九条北ノ内町11
〔内容のお問い合わせは〕暮らしデザイン出版部 ☎075-681-8732
〔購入のお問い合わせは〕普及グループ ☎075-681-8818
印刷所　株式会社光邦
製本所　東京美術紙工協業組合

ISBN978-4-569-85643-8